Der Siebenjährige Krieg
im Hochstift Paderborn

Willebadessener Historische Schriften
Band 5

Herausgegeben von
Thomas Thalmaier

Raban Graf von Westphalen (Hrsg.)

# Der Siebenjährige Krieg im Hochstift Paderborn

Herstellung und Verlag:
BoD – Books on Demand, Norderstedt
ISBN: 9783757828790

**LWL**
Für die Menschen.
Für Westfalen-Lippe.

# Inhalt

# Einleitung

Am **15.** Oktober 2022 führte die Historische Gesellschaft Willebadessen e.V. (HG) den „**1.** Tag der Ostwestfälischen Geschichte" in Willebadessen durch.

Wie seinerzeit angekündigt, werden im Folgenden die auf der Tagung gehaltenen Vorträge in ergänzter und überarbeiteter Form in der Schriftenreihe der HG veröffentlicht. Sie sollen so für Schulen, Bildungseinrichtungen und an der westfälischen Regionalgeschichte Interessierte zugänglich sein.

Die Wahl des Themas „Siebenjähriger Krieg (1756-1763)" orientierte sich an der Absicht, über Ereignisse der deutschen und europäischen Historie, welche eine bedeutende Verbindung zur ostwestfälischen Geschichte haben, das lokal- und regionalgeschichtliche Interesse zu stärken.

Das Echo auf die Tagung, wie auch die Nachfrage der im vorliegenden Band dokumentierten Beiträge, lassen die vorsichtige Bewertung zu, dass diese Intention des 1. Ostwestfälischen Geschichtstags erfolgreich war.

Einen der besten Kenner des Siebenjährigen Krieges, den in Göttingen lehrenden Historiker Prof. Dr. Marian Füssel als Referenten zu gewinnen, macht einen wesentlichen Teil des Erfolgs der Tagung aus. Dass Marian Füssel sich bereit erklärte, auch den 2. Teil der Tagung („Der Siebenjährige Krieg vor Ort") kurzfristig zu übernehmen, dafür sei ihm an dieser Stelle besonders gedankt.

Quellenauszüge zum Verlauf des Siebenjährigen Krieges im Hochstift Paderborn und den angrenzenden Territorien aus schwierig zu greifender älterer Literatur ergänzen den Tagungsband.

Ein Glossar gibt knappe biographische Hinweise über die wichtigsten in den Beiträgen genannten Personen.

Der Landschaftsverband Westfalen-Lippe (LWL) hat die Tagung und den Tagungsband gefördert, wofür an dieser Stelle herzlich zu danken ist. Ebenso sei Thomas Thalmaier für die Herausgabe des Bandes in der Schriftenreihe der HG gedankt.

# Der Siebenjährige Krieg in Europa und der Welt

## Globale Verflechtungen und Konflikte zwischen Frankreich und Großbritannien (1756-1763) *

*von Marian Füssel*

Der Siebenjährige Krieg (1756-1763), der heute gern als frühmoderner ,Weltkrieg' gehandelt wird, war in der Tat ein Konflikt mit globalen Dimensionen und verband Kriegsschauplätze und Konfliktlinien in Europa, Nord- und Südamerika, der Karibik, Afrika und Südasien.[1] Je nach nationalem Blickwinkel steht er allerdings für zwei verschiedene Kriege des 18. Jahrhunderts. So begann der Siebenjährige Krieg für die einen im Juli 1755 im Ohio Tal, für die anderen im August 1756 mit dem Einmarsch preußischer Truppen in Sachsen. Der Siebenjährige Krieg steht damit für zwei ganz unterschiedliche Konflikte des 18. Jahrhunderts: den Kampf Großbritanniens mit Frankreich und die Rivalität zwischen Preußen und Österreich.

Beide Konfrontationen gingen auf ungelöste Rivalitäten des vorangegangenen Krieges zurück, der als Österreichischer Erbfolgekrieg (1740-1748) ebenfalls globale Ausmaße angenommen hatte und als 1. und 2. Schlesischer Krieg die Konflikte zwischen Preußen und Österreich umfasste.[2] Österreich und Preußen hatten zwar in Dresden 1745 einen Frieden geschlossen, doch war der Raub Schlesiens durch Friedrich II. in Wien keineswegs akzeptiert. Auch der Frieden von Aachen 1748 konnte die anglofranzösische Rivalität in den Kolonien kaum wirklich beilegen, gerade in

Frankreich galt der Friede als großer Fehler. Im Folgenden steht mit den Auseinandersetzungen zwischen Großbritannien und Frankreich die globale Seite des Konfliktes im Mittelpunkt, doch wird stets zu fragen sein, wie diese mit denen der europäischen Kriegsparteien und Schauplätzen verflochten war. So lag der räumliche Knotenpunkt in Kurhannover, dessen Verteidigung gegen Frankreich die Briten zum Engagement in dem seit 1714 durch Personalunion verbundenen Territorium des Alten Reiches zwang.[3] Mit dem Nordwesten des Reiches wurden auch das Hochstift Paderborn und seine Nachbarterritorien zum Kriegsschauplatz.[4]

Ich gehe im Folgenden in fünf Schritten vor und beleuchte mit der ,Welt in Flammen' zunächst das zeitgenössische Verständnis globaler Verflechtungen (1.), gehe dann auf den Kampf um Kanada und die nordamerikanischen Kolonien ein (2.), streife die Rivalitäten in Indien (3.), gehe den maritimen Auseinandersetzungen an den Küsten Afrikas, Südamerikas und der Karibik nach (4.) und schließe mit zwei Frieden und einer neuen Weltordnung (5.).

## 1. Die Welt in Flammen

Aber auch wenn Preußens und Österreichs Konflikt völlig unverbunden mit dem Krieg zwischen Großbritannien und Frankreich gewesen wäre, würde dies an den globalen Dimensionen wenig ändern, denn der Konflikt zwischen den beiden maritimen Kolonialmächten fand auf mindestens sechs Schauplätzen statt. In Großbritannien und Frankreich wird der Siebenjährige Krieg als Konflikt um die Vorherrschaft in Europa und auf den Weltmeeren erinnert, der mit der Hegemonie des Britischen Empire endete. In den USA ist er unter dem Namen *French and Indian War* eine Vorstufe zum amerikanischen Unabhängigkeitskrieg.[5] In Kanada firmiert der Siebenjährige Krieg nicht nur als *French and Indian War*, sondern auch als *Guerre de la Conquete*, als ,Krieg der Eroberung' mit dem Resultat eines endgültigen Endes der Nouvelle-France.[6] Für Indien ist er als dritter Krieg im Karnatik und Konflikt in Bengalen ein Kapitel auf dem Weg zur

# Synopse der Kriegsschauplätze Großbritannien vs. Frankreich
## im Siebenjährigen Krieg

| Region | Altes Reich | Frankreich/ Mittelmeer | Nordamerika |
|---|---|---|---|
| Gesellschaftstyp | Ständegesellschaft | Ständegesellschaft | Siedlungskolonien + First Nations |
| Ressourcen | Kontributionen/ Fourage/ Subsidien | Hafenanlagen/ Strategische Orte | Pelze (Kanada), Land |
| Konfliktparteien | Reguläre Armeen | Kriegsmarine/ Milizen / Reguläre Armeen | Reguläre Armeen/ Native Americans / Milizen |
| Kriegführung | Schlachten/ Belagerungen/ Kleiner Krieg | Amphibische Operationen = Angriff von See/ Raids | Belagerungen/ Kleiner Krieg |
| **Region** | **Indien** | **Karibik** | **Afrika/Gorée** |
| Gesellschaftstyp | Handelskolonien/ Nachfolgereiche des Mogulreiches | Plantagen-Wirtschaft/ Versklavung | Handelskolonien |
| Ressourcen | Salpeter, Tee, Opium, Gewürze Baumwollstoff, | Zucker | Gummi Arabicum/versklavte Menschen |
| Konfliktparteien | Handelskompanien (EIC, CdI); Sepoys; Europ. Kriegsmarinen; Mogularmeen | Kriegsmarinen /Milizen versklavter Menschen | Kriegsmarinen |
| Kriegführung | Belagerungen/ Schlachten | Amphibische Operationen | Amphibische Operationen |

britischen Kolonie.[7] Fragt man danach, um was für einen gesellschaft-lichen Ort es sich jeweils handelte, wer die Kriegsparteien waren, welche Formen der Kriegführung vorherrschten und um welche Ressourcen gerungen wurde, zeigen sich im Vergleich zu Europa einige signifikante Unterschiede.

In Nordamerika und in Indien hatte man es jeweils mit einem triangulären Konkurrenzverhältnis zu tun: in Nordamerika die europäischen Siedler beider Nationen und die Native Americans, in Indien die europäischen Handelskompanien und die lokalen Gewalten in der Nachfolge des ehemaligen Mogulreiches. In der Karibik und in Afrika haben wir es vor allem mit Konflikten der europäischen Kriegsmarinen und lokaler Milizionäre zu tun. Auf allen Schauplätzen ging es um wirtschaftliche Ressourcen: in der Karibik um Zucker, in Kanada um Pelze, im Ohiotal um Land, in Westafrika um Gummi Arabicum und in Indien unter anderem um Salpeter und lokale Steuerhoheiten. Auch die Art der Kriegführung unterschied sich je nach Kriegsparteien und lokaler Umwelt. In den Wäldern Nordamerikas dominierte der kleine Krieg und die Belagerung fester Plätze, in Afrika und der Karibik herrschten amphibische Operationen, also Belagerungs- und Landungsoperationen der Seestreitkräfte vor, und in Indien dominierten Belagerungen und einige wenige, kaum mit den europäischen vergleichbare Schlachten. Zusätzlich angefacht wurde die britisch-französische Rivalität durch konfessionelle Motive, die zur ideologischen Radikalisierung beitragen konnten und das nicht nur unter den christlichen Europäern, den katholischen Franzosen und den protestantischen Engländern, sondern auch mit Blick auf die Indigenen: Den Native Americans begegnete man als ‚Heiden' mit besonderer Härte, und auch die südasiatische Religionsvielfalt mit Muslimen und Hindus bot zusätzlichen Konfliktstoff.[8] Die globale religiöse Verflechtung, wie sie unter anderem über Missionare und Orden vermittelt wurde, unterstützte jedoch auch Informationsflüsse innerhalb eines frühmodernen Medienkrieges.[9] So bildeten sich Kommunikationsachsen zwischen Halle an der Saale,

London, Kopenhagen, Pennsylvania und dem südindischen Tranquebar. Bereits aus diesem groben Überblick wird erkenntlich, dass es sich neben geopolitischen Kalkülen der europäischen Machtzentren in London und Paris ganz wesentlich um Akteure vor Ort mit modern gesprochen privatwirtschaftlichen Interessen handelte und dass Armeen und Kampfweisen zum Teil deutlich vom europäischen Ideal abwichen. Die globale Ausdehnung europäischer Mächterivalitäten als solche war nicht neu, auch der pfälzische, spanische und österreichische Erbfolgekrieg hatte jeweils seine außereuropäischen Schauplätze, einen nachhaltigen geopolitischen Unterschied machte jedoch der Ausgang des Siebenjährigen Krieges, in dem sich die Machtverhältnisse eines ganzen Kontinents verschoben.[10]

Die historische Forschung spricht heute meist von globaler „Verflechtung" bzw. mit dem englischen Begriff von „entanglement", um Prozesse des Austausches und der Verknüpfung über weite räumliche Distanzen zum Ausdruck zu bringen. Am häufigsten wurden für die Beschreibung der übergreifenden Effekte des Krieges zeitgenössisch Bilder von Brand und Funkenflug genutzt. Eine Bildsprache, die in einer Gesellschaft mit permanenter Gefahr von Stadtbränden eine starke, lebensweltliche Evidenz besaß. So leitet etwa der lutherische Pastor Heinrich Melchior Mühlenberg (1711-1787) einen Brief aus Providence nach Einbeck bereits im Oktober 1755 ein mit den Worten: „Was unsere hiesige politische Umstände betrifft, so breitet sich die Krieges Flamme stuffenweise aus."[11] Im niederhessischen Isthar argumentierte der Pfarrer Johann Georg Fülling (1721-1779) später in seiner Chronik mit der gleichen Bildsprache. Zu Jahresbeginn 1757 notiert er: „Das Kriegsfeur, welches voriges Jahr in einer Ecke Deutschlands angezündet war, brach in diesem 1757. Jahr in größere Flammen aus und ergriff auch unser wertes Vaterland."[12] Das Bild vom überspringenden Funken, als eines letztlich nicht steuerbaren, kontingenten Ereignisses konnte auch zur eigenen Entlastung genutzt werden. So nutzt Friedrich II. im Juli 1757 in einer kleinen Schrift mit dem Titel „Rechtfertigung meines politischen Verhaltens" das Bild, um die Verantwortung für den Kriegsausbruch von sich zu weisen:

„Jedermann weiß, dass die Wirren, die Europa aufwühlen, ihren Anfang in Amerika genommen haben, dass der zwischen Engländern und Franzosen ausgebrochene Streit um den Stockfischfang und um einige unbebaute Gebiete in Kanada den Anstoß zu dem blutigen Kriege gegeben hat, der unseren Erdteil in Trauer versetzt. Jener Krieg war von den Besitzungen der deutschen Fürsten so weit entfernt, dass sich schwer einsehen lässt, wie der Brand von einem Weltteile zu einem andern übergreifen konnte, der scheinbar gar keine Verbindungen mit ihm hat. Dank der Staatskunst unseres Jahrhunderts gibt es aber gegenwärtig keinen Streit in der Welt, so klein er auch sei, der nicht in kurzer Frist die gesamte Christenheit zu ergreifen und zu entzweien vermöchte.“[13]

In den letzten Kriegsjahren kommentieren die Medien im Alten Reich die Ereignisse immer wieder mit der Metapher der Entflammung. Der in Augsburg herausgegebene *Apotheker* sieht die Ursache des gesamten Konflikts in den Auseinandersetzungen in Nordamerika begründet und schreibt 1762: „Durch dich [Amerika] entbrannten unsre Staaten. / Du machtest Bauern zu Soldaten, / Und zwangst die Bürger zum Gewehr. / Das Feuer, das aus dir gestammet, / Hat breite Meere überflammet, / und tobet durch mein Deutschland her.“[14] Und in einer zeitgenössischen Darstellung der britischen Einnahme von Guadeloupe heißt es in der Vorrede: „Der gegenwärtige heftige Krieg hat in den amerikanischen Colonien seinen ersten Zunder gefasst, und wir lesen daher fast in allen Blättern von den dasigen Kriegsbegebenheiten, die man ohne eine richtige Erkänntniß der dasigen Länder unmöglich verstehen kann.“[15] Der anonyme Autor gibt damit nicht nur eine Metabetrachtung ab, zur zunehmenden Frequenz der kolonialen Berichterstattung, sondern wirbt gleichzeitig für den Erwerb von Wissen über diese Regionen und damit auch sein Produkt. Die Flammen-Metaphorik ist gewiss nicht auf den Siebenjährigen Krieg beschränkt, doch erweist sie sich als mit Abstand beliebtestes Sprach-Bild der Zeit um Effekte der Verflechtung zu deuten. Wenn auf diese Weise auch das Hochstift Paderborn für einige Jahre zum Schauplatz der Weltpolitik wurde, verdankte sich das für die Zeitgenossen diesen überspringenden Funken.

## 2. Für einige Äcker voller Schnee?
## Kanada und die nordamerikanischen Kolonien

In Nordamerika hatte der Aachener Frieden 1748 die Rivalitäten, die zwischen Neufrankreich und den britischen Kolonien von Virginia bis hoch nach Neufundland schwelten, nicht beendet. Am Zusammenfluss von Allegheny und Monongahela, den ‚Forks of the Ohio' in der Nähe des heutigen Pittsburgh eskalierte die Gewalt im Scharmützel von Jumonville Glen im Mai 1754 – einer französischen Niederlage – und der Niederlage der Briten in der Schlacht am Monongahela am 9. Juli 1755.[16] Auf den ersten Blick sieht es so aus, als ob der schleichende Ausbruch des Krieges im Ohiotal die europäischen Mächte, ohne dass diese es wollten, in einen globalen Konflikt gezogen hätte: Im Mai 1756 erklärte Großbritannien Frankreich offiziell den Krieg.

Doch bei näherer Betrachtung zeigt sich rasch längerfristiges geopolitisches Kalkül sowohl auf Seiten Großbritanniens wie auch Frankreichs. In Großbritannien unterschieden sich die beiden Lager der „blue water policy" und des „continental commitment" besonders deutlich.[17] Während die einen die Expansion auf den Weltmeeren befürworteten, standen für die anderen der Schutz Kurhannovers und ein Eingreifen auf dem europäischen Festland im Vordergrund. Die Debatte spielte sich in einer relativ modern gearteten politischen Öffentlichkeit ab, denn neben der Krone stand das Parlament als Entscheidungsinstanz, und die Presse konnte wesentlich freier publizieren als auf dem Kontinent. Angesichts des schwelenden Konflikts in Nordamerika bemühte sich Frankreich in der europäischen Öffentlichkeit das Bild einer britischen Aggression zu verbreiten. Ein wichtiges außenpolitisches Ziel war es, die Niederlande aus einer möglichen antifranzösischen Koalition herauszuhalten. In Paris rivalisierten ähnliche Fraktionen wie in London: Während die einen eine politische Fokussierung auf den Kontinent propagierten, forderten andere ein Engagement für die Kolonien.[18]

In einem Brief an seinen Freund Nicolas-Claude Thieriot (1697-1772) schrieb Voltaire am 29. Februar 1756 die berühmten Worte: „Ich weiß nicht ob in diesem Bild viele für die Menschheit schmachvollere Züge sind als zwei aufgeklärte Nationen zu sehen, die sich gegenseitig den Hals abschneiden für einige Morgen von Eis und Schnee in Amerika."[19] In seinem berühmten *Candide* griff er die Formulierung 1759 wieder auf, als dieser fragt, ob die Menschen in England genauso närrisch wie in Frankreich seien und zur Antwort erhält: „Sie wissen doch, daß diese beiden Völker wegen ein paar Schneefeldern gegen Kanada Krieg führten und daß sie für diesen hübschen Krieg mehr ausgaben, als ganz Kanada wert ist."[20] Das war aber nur eine, vergleichsweise extreme Position unter vielen. So hegte die französische politische Elite keineswegs eine allgemeine Skepsis gegenüber den kolonialen Initiativen. Während die einen den reinen Seekrieg forderten, setzten die anderen auf eine Besetzung Hannovers und der österreichischen Niederlande. Jedoch herrschte auch unter den Befürwortern der Kolonialpolitik keineswegs Einigkeit. Einige bevorzugten vor allem das Mississippi-Tal und Louisiana, andere machten dezidiert Werbung für Kanada.

Das quantitative Verhältnis beider Mächte in Nordamerika gestaltete sich höchst ungleich: Rund 2 Millionen Bewohner der britischen Kolonien standen nur etwa 60.000 französische Bewohner gegenüber. Auch die Streitkräfte waren entsprechend ungleich aufgestellt, hier waren etwa 10.000 reguläre französische Land- und Marinetruppen mit 42.000 Regulären und Milizionären auf britischer Seite konfrontiert. Aufgrund dieser Asymmetrie waren vor allem die Franzosen auf indigene Verbündete, wie unter anderen die Abenaki, Algonquin, Lenape, Ottawa oder Shawnee angewiesen. Die Briten hingegen waren zeitweise mit der Irokesen Konföderation oder der Nation der Cherokee verbündet, woher der Konflikt den Namen Franzosen- und Indianer-Krieg erhielt. Mit den Native Americans veränderten sich auch die Praktiken europäischer Kriegführung, was aus europäischer Sicht immer wieder als Entgrenzung wahrgenommen wurde, auch wenn gerade die europäische Kriegführung gegenüber den Stämmen besonders rücksichtslos ablief.[21] In den zeitgenössischen Medien erregten Praktiken wie das Skalpieren Aufsehen und immer wieder erschienen

Berichte von vermeintlichen Gräueltaten der ‚Indianer'. So etwa ein als ‚Massaker' medialisierter Vorfall bei der Einnahme des britischen Fort William Henry im August 1757, bei dem etliche der abziehenden Briten getötet wurden.[22] Literarische Berühmtheit erlangte das Ereignis vor allem durch James Fenimore Coopers Historienroman *Der letzte Mohikaner* von 1826.

1757 war die Situation für die Franzosen zunächst von Erfolgen geprägt. Die britische Führung war noch unorganisiert und im Kleinkrieg um die Forts im Ohiotal bewährte sich die französische Taktik. Eine Expedition auf Louisbourg im heutigen Nova Scotia scheiterte am Entsatz durch eine französische Flotte. Doch nun begann sich das Blatt strukturell zu wenden. Die britische Seeblockade griff zunehmend und schnitt die Franzosen von der Versorgung mit Truppen und Ressourcen aus dem Mutterland ab, die Ernte fiel 1757 in Kanada schlecht aus, der für die Heeresversorgung verantwortliche Intendant überzog das gewöhnliche Maß an Korruption, die verbündeten Stämme litten vielfach unter Pockeninfektionen und die Briten konnten im Gegenzug erfolgreich Truppen mobilisieren. 1758 fiel das belagerte Louisbourg an die Briten, zudem gewannen sie die Kontrolle über das Ohio Tal.[23]

Doch die eigentliche Wende erfolgte mit der spektakulären Eroberung Quebecs im September 1759. Nach einer gewagten Landung an der Steilküste vor der Stadt kam es zur Schlacht auf den Abrahamsfeldern, mit rund einer Stunde eine der kürzesten, aber folgenreichsten Schlachten des Siebenjährigen Krieges.[24] Beide Kommandeure, der britische General James Wolfe und der französische General Louis Montcalm fielen in Folge der Schlacht, während die aus Milizionären und Linieninfanterie gemischten Reihen der Franzosen rasch in Auflösung gerieten.[25]

In der Folge musste die eingeschlossene Stadt alsbald kapitulieren. Die wichtigste französische Bastion in Kanada war verloren, als letzte große Stadt war allein Montréal in französischer Hand. Angesichts einer Armee von rund 18.000 britischen Regulars und Kolonialtruppen ergab sich Gouverneur Vaudreuil mit seinen 4000 verbleibenden Männern am 8. September 1760 kampflos den überlegenen Angreifern. Binnen weniger

Wochen gelangte anschließend die gesamte Provinz unter britische Herrschaft. Auf dem kanadisch-nordamerikanischen Schauplatz war der Siebenjährige Krieg als *French and Indian War* damit beendet. Eine kleinere französische Expedition gegen Neufundland 1762 blieb Episode. Die Native Americans verloren mit den Franzosen einen mächtigen Verbündeten, und obwohl es zunächst so aussah, als ob dem Vormarsch der europäischen Siedler westlich der Appalachen mit der königlichen Proklamation Georgs III. vom Oktober 1763 Einhalt geboten würde, blieb die Grenzziehung weitgehend wirkungslos, und mit dem Pontiac Krieg 1763-1766 schloss sich gleich der nächste Konflikt an.[26]

## 3. Indien: Eine Handelskompanie auf dem Weg zur Territorialmacht

Der indische Subkontinent war nach dem Tod des Moguls Aurangzeb (1618-1707) von zahlreichen Erbfolgekonflikten geprägt, ein Zustand, den man negativ als Zerfall des Mogulreiches beschreiben kann oder positiv als „segmentäre Staatsbildung" (Michael Mann).[27] In jedem Fall öffnete die Schwäche der über Jahrhunderte zentrale Macht ausübenden muslimischen Dynastie auswärtigen Akteuren vielfältige Möglichkeiten der Bündnispolitik. Aus den lokalen Rivalitäten ließen sich immer wieder Vorteile für Dritte generieren.

Anders als auf dem amerikanischen Kontinent oder in Europa wurde der Konflikt in Indien von europäischer Seite jedoch nicht von regulären Armeen oder lokalen Milizen, sondern von den jeweiligen Handelskompanien geführt. Die britische *East India Company* (EIC) und die französische *Compagnie des Indes* (CdI) hatten allmählich die Niederländer und Portugiesen als wichtigste europäische Handelsnationen auf dem indischen Subkontinent abgelöst und steuerten auf eine militärische Konfrontation zu.[28] Im Vergleich zu Nordamerika waren in Südasien jedoch beide Parteien auf lokale militärische Unterstützung angewiesen. Als erste reagierten die Franzosen systematisch auf den Bedarf an Soldaten und rekrutierten lokale Krieger, die sogenannten Sepoys, welche sie nach europäischen Mustern drillten, uniformierten und bewaffneten, alsbald adaptierten auch die Briten diese Rekrutierungsstrategie und überflügelten langfristig ihrer französischen Rivalen darin. Die Briten besaßen drei besonders wichtige Handelsniederlassungen auf dem indischen Subkontinent: An der Westküste in Mumbai (kolonialsprachlich Bombay), an der Südostküste in Madras und in Kalkutta im Nordosten in Bengalen. Nördlich von Kalkutta befand sich jedoch der französische Stützpunkt in Chandannagar und in räumlicher Nachbarschaft von Madras das französische Pondicherry. Eine direkte Konfrontation war also naheliegend, zumal die Franzosen mit Joseph Francois Dupleix einen ambitionierten Gouverneur eingesetzt hatten. Ähnlich wie Nordamerika waren die Expansionsbestrebungen der Europäer auf lokale Kooperationspartner angewiesen, so dass sich auch hier trianguläre Bündnisstrukturen mit den lokalen Mächten ergaben. Ein Konfliktpunkt mit den lokalen Fürsten in der Nachfolge des indischen Mogulreiches lag immer wieder in der Berechtigung, lokale Forts zu errichten und zu befestigen, befanden sich die europäischen Händler doch stets in fremdem Territorium und waren nur geduldet. Sie nutzten jedoch geschickt eine Politik der Versicherheitlichung, das heißt eine Situation wurde als unsicher und den Handel bedrohend beschrieben, was Maßnahmen zur Sicherheit erforderte, die sich letztlich jedoch auch gegen die lokalen Gewalten richten konnten.[29]

Im Falle von Fort William in Kalkutta eskalierte diese Politik 1756 zu einem offenen Konflikt mit dem Nawab von Bengalen, Fürst Siraj ud-Daulah (1733-1757). Die Truppen des Nawabs nahmen im Juni Fort William ein, und die verbliebenen Briten – der Kommandeur hatte sich abgesetzt –, deren Zahl in den Berichten ca. zwischen 40 und 145 schwankt, wurden in einem kleinen Wachraum des Forts inhaftiert. Diese Nacht im „Black Hole of Calcutta" überlebte die Mehrheit der Inhaftierten nicht, was in der Folge medial zu einem der Mythen des britischen Empire aufgebaut wurde.[30] Der Authentizitätsgehalt des einzigen schriftlichen Zeugnisses eines Überlebenden, John Zephaniah Holwell, das bereits zeitnah auch in deutscher Übersetzung erschien, gilt als umstritten, der Wirkmächtigkeit des Schwarzen Lochs für das britische Bild indischer Despotie stand dies jedoch nicht im Wege.[31]

Als die Nachricht des Verlustes der Niederlassung in Kalkutta Madras erreichte, ergriff die Company unter Führung von Colonel Robert Clive (1725-1774) rasch die Initiative zu einem Gegenangriff, der sich jedoch aufgrund der Verkehrslogistik zunächst bis Dezember verzögerte.[32] Kalkutta wurde Anfang Januar 1757 mehr oder weniger kampflos eingenommen, doch die Konfrontation mit dem Nawab endete in einer Art Pattsituation, zumal dieser Angriffen aus Afghanistan ausgesetzt war und nicht an zwei Fronten gleichzeitig agieren konnte. Die Briten nutzten die Pause, um sich gegen das französische Chandannagar zu wenden, das am 23. März an die Truppen Clives fiel. Strategisch bedeutete das nicht nur den Verlust französischen Einflusses in Bengalen, sondern hatte auch weitere logistische Konsequenzen für die französische Niederlassung auf Mauritius, dem Ort an dem französische Schiffe überholt wurden.

Am 26. Juni kam es bei Plassey, 150 Kilometer nördlich von Kalkutta, zu einer Kanonade der Truppen Clives und der Armee Siraj ud-Daulahs, die als Entscheidungsschlacht im Ringen um die britische Vorherrschaft erinnert wird.[33] Die Zusammensetzung der Parteien ist signifikant für die Asymmetrie des ganzen Konflikts. Rund 50.000 Mann auf Seiten des Nawab standen rund 3000 Mann auf Seiten Clives gegenüber, darunter allein 2.100 Sepoys. Die Artillerie des Nawab wurde zudem von 50 französischen Artilleristen unterstützt. Mehrere Faktoren machten das Ereignis zu einem Debakel für den Nawab. Einer seiner Gefolgsleute Mir Jafar Ali Khan, Befehlshaber von einer Armee von 15.000 Mann, konspirierte gegen den Nawab und griff nicht in den Kampf ein, ein Monsunregen hatte das Pulver der indischen Seite durchnässt, während es die Briten mit Zeltplanen trocken halten konnten. Zwei der drei wichtigsten Kommandeure des Nawab wurden schon während einer frühen Phase des Gefechts getötet. Die Briten verloren rund 80 Mann an Toten und Verwundeten, die Inder hingegen an die 500. Einer der größten Nutznießer des Sieges war Mir Jaffir, der von Clive als der neue „Nabob von Bengalen" begrüßt wurde. Der immer

wieder siegreiche Clive wurde zu der Heldenfigur des indischen Kriegsschauplatzes schlechthin. Man verlieh ihm zur Belohnung den Titel „Clive
of Plassey", in die Geschichtsschreibung ging er jedoch später als „Clive of
India" ein. Mit der siegreichen Schlacht von Wandiwash 1760 und der Eroberung Pondicherrys im Jahr 1761 sicherten sich die Briten schließlich
endgültig die Vorherrschaft in Indien. Eine Entscheidung, die für die Geschichte Indiens von kaum zu überschätzender Bedeutung war. Durch den
sukzessiven Erwerb von Steuerprivilegien und das weitere Gegeneinander-
ausspielen der lokalen Fürsten wandelte sich die Rolle der EIC in Bengalen
vom Handelspartner zum territorialen Herrschaftsakteur. Dies erforderte
auch immer mehr politisches Engagement der britischen Krone und eb-
nete langfristig den Weg zum British Raj des 19. und 20. Jahrhunderts. Die
East India Company verlor ihre territoriale Macht an die britische Regierung im Jahr 1858, doch erst 1947 endete mit der Unabhängigkeit Indiens
die britische Kolonialherrschaft.

### 4. An den Küsten Afrikas, Südamerikas und der Karibik

Globale Verflechtung bedeutete aus Sicht der Kabinette immer auch ein
Abwägen von Gewinnen und Verlusten. So zeigte Frankreich insgesamt
deutlich weniger Interesse an seinen Territorien in Nordamerika, die vor
allem für den Pelzhandel relevant waren, als an den wesentlich lukrativeren
Zuckerinseln in der Karibik. Das wusste auch London, und so zielte einer
der maritimen Strategien des britischen Außenstaatssekretärs Willam Pitt
dem Älteren (1708-1778) darauf, den französischen Handel auf den West-
Indischen Inseln zu treffen. Eine Expedition gegen Martinique Ende 1758
scheiterte zunächst, doch in der Folge kam es im Mai 1759 zur Eroberung
Guadeloupes.[34]

Ein Ereignis, das erst in jüngerer Zeit in diesem Zusammenhang auch mit
Bezug auf den Siebenjährigen Krieg gewürdigt wurde, ist der unter dem
Namen Tacky's Rebellion erinnerte Sklavenaufstand auf Jamaika vom April 1760 bis zum Oktober 1761.[35] Angeführt von einem versklavten Afrika-
ner namens Tacky kam es zu einem der größten Sklavenaufstände der Zeit,

während dessen blutiger Niederschlagung mehre hundert schwarze Menschen getötet wurden. Ein Vorgehen, das britische militärische Kräfte band und die strategische Lage in der Karibik beeinflusste.

Nachdem die großen Truppenverbände in Nordamerika nach 1760 für andere Aufgaben verfügbar waren, entsandte man Teile von ihnen zum erneuten Versuch der Einnahme von Martinique, der im Februar 1762 Erfolg hatte, rasch gefolgt von der Eroberung von Saint Lucia, Grenada and Saint Vincent. Das war wirtschaftlich ein harter Schlag für die französische Krone, doch für die Plantagenbesitzer öffneten sich mit der damit endenden britischen Blockade auch wieder die Märkte.

An zwei weiteren, heute wohl in der historischen Erinnerungskultur Europas nur noch wenig präsenten, britischen Operationen in Afrika und Lateinamerika wird insbesondere die Wirkmächtigkeit privatwirtschaftlicher Initiativen für die globale Verflechtung ersichtlich. Im Jahr 1758 überzeugte ein New Yorker Quäker und Kaufmann namens Thomas Cummings Pitt von dem Projekt, den französischen Handel mit Gummi arabicum an sich zu ziehen und eine Expedition an die Küste Westafrikas zu entsenden.[36] Gummi arabicum ist aus dem Wundsaft bestimmter afrikanischer Akazienbäume (u.a. *Senegalia senegal*) gewonnenes Harz, das im 18. Jahrhundert unter anderem zum Binden von Farben, dem Kattundruck (*Calico printing*) und bei der Seidenverarbeitung verwendet wurde. Heute ist es beispielsweise ein wichtiger Bestandteil von Coca-Cola.

Von Plymouth machte sich am 9. März 1758 eine kleine Flotte von vier Kriegsschiffen unter Kommando von Henry Marsh auf den Weg nach Afrika. Ihr Ziel war das 1659 gegründete französische Sklaven-Fort St. Louis an der Mündung des Senegal. Am 23. April erreichten die Briten die Flussmündung und nahmen das Fort ohne Gefechte rasch ein. So für weitere Eroberungen motiviert, nahmen sie Kurs auf den 100 Meilen südlich gelegenen französischen Inselstützpunkt Gorée (von niederländisch „Goede Reede" sicherer Hafen), einem zentralen Umschlagplatz des atlantischen Sklavenhandels. Doch der Angriff blieb erfolglos, so dass man mit 400 Tonnen erbeutetem Gummi Arabicum die Heimreise antrat. Pitt sah das als einen Erfolg und entsandte sogleich eine noch umfangreichere Flotte unter Kommando von Captain Augustus Keppel (1725-1786), die bereits am 22. Oktober von Spithead wieder Richtung Afrika aufbrach. Diesmal verlief die Fahrt jedoch weniger reibungslos. Eines der Schiffe erlitt vor Marokko Schiffbruch, mit dem Ergebnis, dass 130 Männer ertranken und 220 weitere zu Gefangenen der Mauren wurden. Die übrige Flotte ging am 28. Dezember 1758 bei Dakar vor Anker. Diesmal gaben die Franzosen rasch auf, die Gefechte kosteten 30 Franzosen und 16 Briten das Leben, weitere 300 französische Soldaten wurden nach Frankreich verbracht, um sie gegen gefangene Briten einzutauschen. Die Bewohner des Alten Reiches erhielten die Nachricht von der Eroberung Ende Januar 1759, konnten damit aber meist wenig anfangen. Der strategische Wert der britischen Einnahmen war begrenzt. Sie waren jedoch Teil einer Strategie Pitts, die französische Ökonomie zu schädigen, und stellten eindrucksvoll unter Beweis, zu welch globaler Schlagkraft die britische Navy in der Lage war.

Eine weitere Ausweitung erfuhr der Krieg in Folge des Bourbonischen Familienpaktes zwischen Frankreich und Spanien, mit dem sich der Konflikt 1762 auch auf koloniale Territorien Spaniens und Portugals ausweitete.[37] So kam es neben Kuba und den Philippinen auch in Lateinamerika zu Kämpfen.[38] In Nicaragua erfolgte ein britischer Angriff auf die Festung Immaculata Concepción, am Rio de la Plata kam es um Buenos Aires zu Kämpfen der Briten und Portugiesen gegen die Spanier, in Brasilien kämpften Spanier und Portugiesen in der Provinz Mato Grosso und um Colonia del Sacramento. An dieser Stelle sei nur eine kurze Episode erwähnt, die auf wiederkehrende Muster der britischen Seekriegsführung verweist. So startete 1762 John MacNamara, ein ehemaliger Offizier der East India Company, eine private Initiative gegen die spanischen Siedlungen an der Mündung des Rio de la Plata. Mit einem Syndikat aus Plymouth segelte er mit den drei Fregatten Gloria, Ambuscade und Lord Clive gegen Colonia del Sacramento. Den Spaniern gelang jedoch die erfolgreiche Verteidigung des direkt gegenüber von Buenos Aires liegen Forts. Das nach dem in Indien so erfolgreichen Robert Clive benannte

Flaggschiff fing Feuer, und in der Folge wurden sowohl Kommandeur MacNamara als auch ein Großteil der Besatzung getötet. Anders als im Senegal war den Briten hier kein Erfolg beschieden.

## 5. Zwei Frieden und eine neue Weltordnung

Bereits Ende 1759 zeigten sich erste Anzeichen für einen möglichen Frieden. Man plante einen europäischen Friedenskongress in Augsburg im Jahr 1761, der jedoch nie zustande kam.[39] Hier hätte sich für alle Parteien die Möglichkeit ergeben, die Teilkonflikte des Siebenjährigen Krieges in einem gemeinsamen großen Friedenswerk zu beenden. Stattdessen schloss man 1763 zwei Frieden: Am 10. Februar 1763 erfolgte der Friedensschluss zwischen England, Frankreich, Spanien und Portugal in Paris und am 15. Februar im sächsischen Hubertusburg der zwischen Preußen, Österreich und Sachsen.[40] Von einem sofortigen Ende des Krieges kann jedoch kaum gesprochen werden, er endete ähnlich schleichend, wie er begonnen hatte. Bis alle Armeen die gegnerischen Territorien verlassen hatten, vergingen noch Monate, und im globalen Maßstab verhinderten die langen Kommunikationswege ohnehin ein zeitgleiches Handeln. Manche Siegesnachricht traf erst nach dem Friedensschluss in Europa ein. Schon am 3. November 1762 war in Fontainebleau der Vorfrieden des Pariser Friedens unterzeichnet worden.

In Großbritannien war der Frieden nicht unumstritten. Gerade aus Sicht der siegreichen Partei sahen einige noch nicht genug Vorteile darin erreicht. Umstritten war u.a. die Rückgabe der französischen Zuckerinseln, Zugeständnisse bei den Fischereirechten in Neufundland oder die Folgen des Rückzugs aus dem Reich für den preußischen Bündnispartner. Doch das *House of Commons* stimmte dem Frieden schließlich mit überwältigender Mehrheit zu.

Am 10. Februar 1763 kam es im Hotel des englischen Botschafters in Paris zur Unterzeichnung des 27 Haupt- und 3 Separatartikel beinhaltenden Vertrages.[41]

Zu den folgenreichsten Vereinbarungen zählte die vollständige Abtretung von französischen Gebietsansprüchen in Nordamerika.[42] Damit war das Ende Neu-Frankreichs, der *nouvelle France*, besiegelt.[43] Die französischen Bewohner Kanadas erhielten Religionsfreiheit und bestimmte Rechte auf Fischfang, Louisiana wurde entlang des Mississippi geteilt und Spanien erhielt den westlichen, Großbritannien den östlichen Teil. Besser stand es für Frankreich in der Karibik, wo es u. a. die Inseln Guadeloupe, Marie-Galante, Désirade und Martinique zurückerhielt, während Grenada an Großbritannien ging, das auch St. Vincent, Dominique und Tobago behielt. Während das an der westafrikanischen Küste gelegene Gorée zurück an Frankreich fiel, erhielten die Briten den Senegal. In Südindien stellte man den französischen Besitzstand an Faktoreien des Jahres 1749 wieder her, während im Nordosten, in Bengalen, den Franzosen fortan jede Form militärischer Aktivität verboten war; Chandannagar und Pondicherry fielen zurück an Frankreich. Auch Belle-Île ging zurück an Frankreich, Menorca wiederum an Großbritannien. Die territorialen Verschiebungen waren gewaltig und führten zu einer nachhaltigen Neuausrichtung der imperialen Politik Frankreichs und Großbritanniens.

Der Krieg hatte nicht nur unterschiedliche Schauplätze miteinander verknüpft, sondern auch viele Verbindungen gekappt. Frankreich suchte nach neuen Einflusszonen etwa im Norden Lateinamerikas (Französisch-Guyana) und vor allem in Afrika. Großbritannien war zu einem Weltreich geworden, dessen enorme Ausdehnung jedoch mittelfristig auch zum Problem werden sollte. Die Kosten des Krieges mussten beglichen werden, und die dazu notwendige Besteuerung wollten etwa die nordamerikanischen Kolonien nicht ohne politische Teilhabe mittragen. Der Franzosen- und Indianer-Krieg gilt daher auch als wichtige Vorstufe zum amerikanischen Unabhängigkeitskrieg, in den sich dann auch die einstigen Rivalen Frankreich und Spanien auf Seiten der ,Rebellen' einschalteten. Zu den Folgen des Verlustes der nordamerikanischen Kolonien zählte eine stärkere Konzentration der Briten auf Indien, womit sich erneut die globalen Interdependenzen einer Welt in Flammen herausstellten. Es hing auch im

18. Jahrhundert nicht alles mit allem zusammen, doch ist der Siebenjährige Krieg ein eindrucksvolles Beispiel für die globale Dynamik eines Krieges, der Effekte auf weit entfernte Regionen ausüben konnte. Effekte, die sich geopolitischer Planbarkeit zum Teil bereits rein technisch weitgehend entzogen, ohne damit einen imperialen Willen gegenüber den Aktivitäten der Akteure vor Ort als irrelevant zu erachten. Kennzeichnend für diesen Krieg war vielmehr, dass er sich mit gängigen Etiketten wie dem Kabinettkrieg kaum beschreiben lässt und von einer komplexen Gemengelage wirtschaftlicher, territorialpolitischer, konfessioneller und patriotischer Motive geprägt war. Motive, die zahllose menschliche Opfer gefordert haben, die nicht nur in Kampfhandlungen, sondern auch an Krankheiten und Hunger verstarben und damit dem Jahrhundert der Aufklärung blutig den Spiegel vorhielten. So beklagte Voltaire 1764, dass man Hunger und Seuchen der Vorsehung verdanke, den Krieg als deren zusätzlichem Motor aber allein „der Einbildungskraft von drei- oder vierhundert Personen, die unter dem Namen Fürsten oder Minister über den ganzen Erdball verteilt" seien.[44] Und selbst Friedrich II. als einer der Hauptverantwortlichen jenes Wahnwitzes urteilte nach den Erfahrungen des Kriegs aus der Nähe anders über den Preis seines Ruhms: „Unser Kriegsruhm ist sehr schön aus der Ferne angesehen; aber wer Zeuge ist, in welchen Jammer und Elend dieser Ruhm erworben wird, unter welchen körperlichen Entbehrungen und Anstrengungen, in Hitze und Kälte, in Hunger, Schmutz und Blöße, der lernt über den ‚Ruhm' ganz anders urteilen".[45]

# Geschichtliche Anmerkungen zur Entwicklung der Verfassung des Hochstifts Paderborn bis zur Zeit des Siebenjährigen Krieges

*von Raban Graf von Westphalen*

Meine Damen und Herren, lassen Sie mich den Ausführungen von Herrn Füssel einige Hinweise auf das Hochstift Paderborn voranstellen, die Bemerkungen zur geschichtlichen Entwicklung, der inneren Verfassung und Regierungsform des Bistums enthalten. Mit diesen Hinweisen verbindet sich die Absicht, die Situation des Hochstifts während des Siebenjährigen Krieges (1756 -1763) anschaulicher zu verstehen. Da die die Verfassungsform des Hochstifts gestaltenden historischen Ereignisse m.E. vor allem im 12.und 13. Jahrhundert lagen – sog. „Investitur" (1122) und die Reichsordnung unter den Staufern (13.Jahrhundert) – skizziere ich diese in gebotener Verkürzung.

Gegründet und zum Bischofssitz erhoben wurde das Paderborner Bistum im Jahre 799 von Karl dem Großen (747-814) und dem zeitweise nach Paderborn geflohenen Papst Leo III. (um 750-816). Diese Gründungszeit gilt in etwa auch für die Paderborn umgebenden Bistümer Münster (793), Osnabrück (803), Hildesheim (815) und Bremen (787) und - nicht angrenzend - Köln (794).

„Bistum" bezeichnet einen territorial abgegrenzten kirchlichen Verwaltungsbezirk; vielfach auch Diözese genannt. Es ist interessant, dass „Diözese" - aus dem Griechischen = Verwaltung - ursprünglich ein Begriff der römischen Finanzverwaltung war. Interessant deshalb, weil im Begriff sich der historische Prozess der Übertragung der öffentlichen Reichsverwaltung auf Gliederungen der Kirche - v.a. Bischöfe - widerspiegelt.

Die Bezeichnung Bistum leitet sich vom „Bischofstum" ab; aus dem Griechischen übernommen, bedeutet der Begriff in der alten Kirche „Wächter" bzw. „Aufseher".

Im sog." Ottonisch-salischen Staatskirchentum" zur Zeit der Kaiser Otto I. (912-973) und seines Sohnes Otto II. (955-983) erfuhren die Bischöfe eine konsequent folgenreiche Aufwertung etwa in der Zeit von 900 bis 1000: Sie wurden zu Trägern der Reichsverwaltung, standen also im „Dienst des Reiches" und wurden somit schrittweise zu Reichsbischöfen.

In Paderborn ist diese Veränderung sehr gut zu beobachten an der Tatsache, dass sich der bedeutende Bischof Meinwerk (975-1036) häufig im Gefolge der Kaiser Heinrich II. (973-1024) und Konrad II. (990-1036), dem Begründer des salischen Königtums, befand. Der Paderborner Bischof ließ sich seine Dienste dadurch entgelten, dass ihm vom Kaiser Hoheitsrechte, vor allem Vogteirechte, Grafschaftsrechte oder auch Grundherrschaften übertragen wurden - insbesondere im Weserraum.

In diesem und mit diesem Prozess wurden die Grundlagen der Entwicklung der Bistümer hin zu geistlichen Herrschaften mit zugleich weltlichen Herrschaftsgebieten gelegt.

Durch das sog. „Wormser Konkordat" von 1122, - diese Bezeichnung stammt erst aus der Zeit um 1690 - mit welchem der deutsche König weitgehend auf die Bischofsernennung verzichtete, wurden die Bischöfe bleibend zu Reichsbischöfen über den Siebenjährigen Krieg hinaus bis zur Säkularisation. Das Wormser Konkordat setzt sich aus zwei Teilen zusammen: 1. der Urkunde Heinrich V. (1081/1086-1125) („Heinricianum") und 2. der Urkunde Papst Calixt II. (1065-1124) („Calixtinum"). In der erst genannten Urkunde der Wormser Übereinkunft lautet die zentrale Passage: "Ich, Heinrich, von Gottes Gnaden erhabener Römischer Kaiser, überlasse (dimitto) alle Investitur mit Ring und Stab und gestehe zu (concedo), dass in allen Kirchen, die sich in meinem König- und Kaiserreich befinden, die freie kanonische Wahl und Weihe stattfindet". Symbolisierte der „Ring" die geistliche Ehe des vom Domkapitel gewählten Bischofs mit der Kirche, so stand der „Stab" für sein priesterliche Hirtenamt.

Entsprechend heißt es im Calixtinum : „Ich, Calixt,(...) gestehe Dir, lieber Sohn Heinrich, von Gottes Gnaden erhabener römischer Kaiser, zu, dass die Wahlen der Bischöfe und Äbte des Deutschen Königreiches (Teutonici regni), soweit diese zum Königreich gehören, ohne Simonie und irgendeine Art von Zwang in Deiner Gegenwart abgehalten werden (...). Der Erwählte aber soll mit dem Zepter die Regalien von Dir empfangen und das, was er Dir von Rechts wegen schuldet, leisten." Traditionell steht das „Zepter" als Symbol weltlicher Investitur. Knüpft sich – wie seit dieser Zeit üblich - ein Lehen an die Investitur, so sprechen wir von „Zepterlehen". Bahnbrechend für die weitere Entwicklung des Bistums ist, dass mit dem Wormser Konkordat die Amtsgewalt des Bischofs in die geistlichen Güter („Spiritualien), worunter v.a. die Sakramente, die Verkündigung der christlichen Lehre und die Seelsorge zu verstehen sind, u n d die zeitlichen Güter („Temporalia), wie die Pfründe, das Benefizium, die weltliche Hoheitsgewalt, Grundherrschaft oder die weltliche Ausstattung eines Bischofs, getrennt werden. Mit dieser Ausdifferenzierung von geistlicher und weltlicher Gewalt (in der Literatur bemerkenswert wenig behandelt) verband sich ein höheres Selbstgestaltungsrecht der Bischöfe gegenüber dem Landesherrn, womit wiederum – und darin rechtfertigen sich meine Hinweise auf diesen historischen Prozess – die Entwicklung zu bischöflichen Territorialstaaten erst eröffnet wurde.

Die damit erreichte Rechtsstellung der geistlichen Reichsfürsten wurde von dem Stauferregenten Friedrich II. (1194- 1250) knapp 100 Jahre später in der „Vereinbarkeit mit den geistlichen Reichsfürsten" (Confoederatio cum principibus ecclesiasticis) vom 26.4.1220 erheblich und bleibend ausgebaut, insofern der König, ab 1220 auch Kaiser Friedrich II. den deutschen Bischöfen eine Reihe zentraler Regalien (Königsrechte) übertrug. So verzichtete der deutsche Herrscher hinkünftig darauf, in bischöflichen

Territorien – diese waren königliches Lehnsgut – Burgen zu bauen oder Städte zu gründen. Auch durften weder Reichszölle erhoben noch Münzen geschlagen werden. Diesen umfangreichen Zuständigkeitszuwachs der geistlichen Territorialfürsten zu Lasten königlicher Rechte übertrug Friedrich II. zehn Jahre später auch auf die weltlichen Reichsfürsten im „Privileg zugunsten der weltlichen Reichsfürsten (Statutum in favorem principum)" vom 1. Mai 1231.

Mit diesen verfassungsrechtlichen Vereinbarungen, die trotz ihrer großen historischen Bedeutung weitgehend unbekannt geblieben sind, war der Weg zur bischöflichen Territorialstaatsbildung frei, wie wir sie in der folgenden Zeit beobachten können. Die wirtschaftliche und politische Attraktivität dieser Entwicklung zum Territorialstaat geistlich/weltlicher Prägung seit dem 12. Jahrhundert war für Ministeriale, Adel und (später) das Bürgertum gleich groß und insofern eine Bedingung für das im Folgenden knapp behandelte Aufkommen der sog. "Stände".

Das Verhältnis zwischen Papsttum und Kaisertum hatte auf den Rechtsgrundlagen des Wormser Konkordats und der staufischen Reichsordnung verfassungsrechtlich Bestand bis zur Säkularisation im Jahr 1803. Daher ist die Erinnerung an diese Regelungen, vor allem die Zerlegung des bischöflichen Amtes in eine geistliche und eine weltliche Sphäre zugleich der Schlüssel zum Verständnis des Gebildes, welches uns als „Hochstift" oder „Erzbistum" beschäftigt.

Mit den bischöflichen Anstrengungen, die Herrschaftsgebiete ab dem 12. Jahrhundert auszudehnen ist die Entwicklung von sog. territorialen Ständen, den sog. „Landständen" eng verbunden. Durch sie erhielt das Bistum Paderborn seine bis 1803 geltende Regierungsstruktur: Dem Bischof standen nun die Landstände gegenüber; daher sprechen wir von einer dualistischen Regierungsform. Vom 14. Jahrhundert bis zur Säkularisation, mithin auch zur Zeit des Siebenjährigen Krieges war das Bistum ein „Ständestaat" - wie alle norddeutschen Bistümer.

Was war ein Ständestaat?

Auch wenn es uns scheinbar fern liegt: Das letzte deutsche ständestaatliche Fürstentum Mecklenburg-Strelitz ging erst 1919 im Herzogtum Mecklenburg-Schwerin auf. In der Umgangssprache wie in der verwaltungsrechtlichen Fachsprache verwenden wir Begriffe, welche auf die tiefe geschichtliche Prägung der ständestaatlichen Staatsform verweisen. So z.B. „Standesamt", das „Standesrecht" - z.B. von Notaren und Apothekern - oder der Begriff vom Personen- oder Berufsstand. Vielfach auch: Jemand verhält sich nicht „standesgemäß".

Als Stände – Land- bzw. Reichsstände – bezeichnen wir auch für Paderborn soziale Gruppen auf dem Gebiet des bischöflichen Herrschaftsverbundes, die aufgrund ihrer geburtsmäßigen Herkunft bzw. Privilegierung oder/und beruflichen Leistungsfähigkeit funktional abgegrenzt und exklusiv an der Herrschaft des Bischofs als Landesherr beteiligt waren.

Um die Wende vom 13. zum 14. Jahrhundert verdichteten sich die Interessen der maßgeblichen landschaftsbezogenen Gruppierungen zu Korporationen: Den Ständen. In der Regel in der Form:

1. Stand = Angehörige der Geistlichkeit, in Paderborn das „Domkapitel"
2. Stand = Angehörige des Adels bzw. der Ritterschaft, Ministerialen
3. Stand = Angehörige des Bürgertums bzw. der Städte

Unter Bischof Bernhard V. zur Lippe (Amtszeit: 1321-1341) verfestigte sich das Zusammenwirken von Ständen und Bischof in Paderborn zu einem bleibenden Verfassungsinstitut, welches die Mitwirkung der Stände an der Ausübung der bischöflichen Gewalt sicherte.

Das Domkapitel war der erste und älteste Stand im Hochstift Paderborn und vertrat die gesamte Geistlichkeit. Während des Bestehens des Fürstentums Paderborn betrug die Zahl der Angehörigen des Domkapitels durchgehend 24 Mitglieder des Adels. Diese waren alleinige Inhaber der Domherrensitze seit dem 12. Jahrhundert.

In diesem Zusammenhang ist der Hinweis wichtig, dass das Domkapitel auch für Kriegserklärungen und die Ernennung der Offiziere zuständig war, wie das Militärwesen überhaupt fest in der Hand dieses Standes lag.

Selbst war das Domkapitel von Grundsteuern, Truppeneinquartierungen und anderen Stadtlasten befreit.

Den zweiten Landstand bildete der Adel bzw. die Ritterschaft. Voraussetzung für die Mitgliedschaft war in der Regel der Besitz eines Rittergutes. Der zweite Stand hatte unter anderem die militärische Sicherheit des Hochstifts zu sichern. Darüber hinaus standen dem Adel Steuerfreiheit und verschiedene Gerichtsbarkeiten zu, vor allem die Grundgerichtsbarkeit.

Das entscheidendste Recht der Landstände aber bildete das Steuerprivilegierungsrecht.

Je umfangreicher die territoriale Zuständigkeit des Bischofs/Landesherrn wurde, umso größer wurde sein Bedarf an finanziellen Mitteln. Und umso umfassender musste er sich mit den Ständen über die Befugnis zur Erhebung von Steuern vereinbaren, denn von deren Zustimmung hing die Steuererhebung ab. Eingeschoben sei, dass das Etatrecht (Budgetrecht) einer Gebietskörperschaft (Parlament) in seiner heutigen Ausgestaltung historisch - etwa im Grundgesetz der Bundesrepublik Deutschland - auf dem Haushaltsrecht der genannten Landstände gründet. Als das zentrale Kontrollelement der Parlamente wird es häufig als „parlamentarisches Königsrecht" bezeichnet.

Als letztes organisierten sich die Städte als eigener Landstand in Paderborn. Neben den Hauptstädten Paderborn, Warburg, Brakel und Borgentreich gab es 19 weitere Landstädte wie zum Beispiel Beverungen, Büren, Driburg, Peckelsheim, Willebadessen oder Dringenberg. Die Stadtgründungen im Hochstift erreichten um 1300 ihren Höhepunkt. Die Stadt bot Schutz und Rechtssicherheit, insofern sie den Einzelnen der Willkür konkurrierender Grundherren entzog, den Unfreien Bürgerrechte verlieh und dadurch eine gewisse städtische Gleichberechtigung schuf. Überdies war die Stadt der Ort, an welchem sich zukunftsweisend Handel und Handwerk entwickelten. Die sich darauf gründende bürgerlich-städtische Interessensgemeinschaft forderte die Organisation und Berücksichtigung ihrer Mitwirkung an der landesherrlichen Herrschaftsgewalt. So formierte sich ein eigener Stand als Vertretung der Städte auf den Landtagen - neben Domkapitel und Adel.

Mit diesen wenigen Hinweisen möchte ich auf den doppelpoligen Aufbau des Paderborner Fürstbistums hinweisen. Ohne eine Anschauung von der bischöflich-ständischen Struktur des Bistums lässt sich die schwierige soziale, wirtschaftliche und politische Situation, in welche das Bistum mit dem Siebenjährigen Krieg kam, kaum angemessen verstehen.

Kommen wir zum Siebenjährigen Krieg im Bistum Paderborn, dessen Territorium man – wie erwähnt - durchaus als eines der zentralen Aktionsfelder dieses Krieges bezeichnen darf.

An der Spitze des Hochstifts stand bis 1761 – also in den ersten 5 Jahren des Krieges – mit dem Kölner Erzbischof Klemens August Herzog von Bayern (1700-1761) ein Wittelsbacher; in Köln war es seit 1583 der fünfte Wittelsbach-Bayerische Bischof.

Von 1716-1719 war er bereits Fürstbischof von Regensburg, mit 19 Jahren wurde Klemens August 1719 zum Fürstbischof von Münster und Paderborn gewählt; seit 1724 war er auch Fürstbischof von Hildesheim, und 2 Jahre später zugleich von Osnabrück, nachdem er 3 Jahre zuvor -1723 - bereits Erzbischof von Köln und - mit diesem Amt verbunden - Herzog von Westfalen geworden war. Fünf Bistümer in einer Hand stellten eine einzigartige Konzentration von Macht dar, zumal er als Kölner Erzbischof zugleich einer der drei geistlichen Kurfürsten war und durch dieses Amt in Personalunion italienischer Erzkanzler.

Klemens August war – so die Literatur – trotz dieser Machtfülle in seinen politischen Entscheidungen schwankend, ständig darauf bedacht, das Hofleben und seine Bauprojekte - in Paderborn z.B. das Marstallgebäude von Schloss Neuhaus (1729/33) finanziell zu verbessern. Daher blieb auch der Einfluss der Stände in Paderborn relativ groß und der Fürstbischof in enger Abhängigkeit von deren Steuerbewilligung. In dieser Lage richteten sich die Anstrengungen der Landesherren darauf, die Landesverwaltung stärker auf ihr Amt hin zu konzentrieren. So auch Kurfürst Clemens

August im Hochstift Paderborn durch die „Separationsordnung vom 18.3.1723". Für das Hochstift sah die Landesverwaltung - über Jahrhunderte gewachsen - danach etwa wie folgt aus:

Die Landesspitze bildete der vom Domkapitel gewählte, vom Papst ernannte und vom Kaiser mit Rechten belehnte Bischof und somit Fürst des Heiligen Römischen Reiches; ihm stand eine Kabinettskanzlei zur Verfügung. Die Stände bildeten als „Landtag" die gesetzgeberische Versammlung. Als Oberbehörde fungierte der Geheime Rat, dem die Regierungskanzlei zugeordnet war. Das Hochstift war geteilt in den westlich des Eggegebirges befindlichen „unterwaldischen Distrikt" mit dem Oberamt Neuhaus und den östlichen „oberwaldischen Distrikt" mit dem Oberamt Dringenberg. Diesen Oberämtern waren die Unterbehörden, so z.B. Amt Dellbrück oder Amt Beverungen zugeordnet. Das obere Justizwesen lag bei drei in Paderborn angesiedelten Hofgerichten.-

Das Steueraufkommen in Paderborn war aufgrund der verheerend schlechten Lage schon vor Ausbruch des Siebenjährigen Krieges sehr gering – eine Folge u.a. des Dreißigjährigen Krieges (1618-1648). Daher ließ Fürstbischof Klemens August sich seine Wechsel in die verschiedenen Bündnislager – so aus dem Verbund der Alliierten England, Hannover, Preußen hin zum französischen Lager – durch sog. Subsidien entgelten.

Zunächst hatte der barocke Fürstbischof versucht, sein Hochstift aus dem Konflikt herauszuhalten. Auch weil das Bistum noch unter hoher Schuldenlast aus dem Dreißigjährigen Krieg stand. Doch das Bistum lag im Grunde fest im Zentrum der kriegführenden Mächte. Clemens August entschied sich letztlich für die französische Seite, wobei möglicherweise die religiöse, katholische Zugehörigkeit den Ausschlag gab. Zugleich stand er auf Seiten des römisch-deutschen Kaisers Franz I. (Regierungszeit 1745-65), dem Ehemann Maria Theresias von Österreich (1717-1780).

Die britisch-hannoveranischen, wie französischen Armeen durchquerten das Land, was der Fürstbischof nicht verhindern konnte. Er verfügte nur über ein paar hundert schlecht ausgerüstete Soldaten, das Bataillon Mengersen, an dessen Verwendung das Domkapitel entscheidenden Einfluss hatte. Als folgenreich erwies sich die Praxis, die Versorgung der durchziehenden oder monatelang überwinternden Heere der einheimischen Bevölkerung aufzubürden und zusätzlich hohe Geldzahlungen, sog. Kontributionen einzufordern. Im Falle der Verweigerung derartiger Forderungen stand der jeweilige Ort zur Plünderung frei.

Zusammenfassend lässt sich feststellen, dass sich in den Jahren zwischen 1757 und 1763 alliierte preußische Truppen und französische Einheiten mit wechselnden Erfolgen in der Region bekämpften, ohne dass eine Seite einen endgültigen Sieg errungen hätte.

Das Fürstbistum Paderborn war zu dieser Zeit wirtschaftlich völlig zugrunde gerichtet. Allein die Zinsen für die Verschuldung überstiegen in diesen Jahren regelmäßig die Einkünfte des Bistums.

Ich schließe mit folgendem Hinweis: Als Fürstbischof Klemens August 1761 starb, verhinderten die Engländer wie die Hannoveraner zwei Jahre lang den Zusammentritt des Domkapitels, um einen Nachfolger zu wählen. Das Kurfürstentum Braunschweig-Lüneburg trug sich mit der erklärten Absicht, das Hochstift Paderborn zu annektieren. Erst nach dessen gesichertem Bestand im sog. "Pariser Frieden" (Februar 1763), durch welchen der Friede in Westeuropa, Nordamerika und Indien beschlossen wurde – die Kriegsparteien Österreich, Preußen und Sachsen verglichen sich zur selben Zeit im „Frieden von Hubertusburg" - ging aus der dann erfolgenden Wahl 1763 ein einheimischer Dompropst als neuer Fürstbischof hervor: Wilhelm Anton von der Asseburg (1707-1782).

# Der Siebenjährige Krieg vor Ort

## Kriegserfahrungen im Hochstift Paderborn und benachbarten Territorien

*von Marian Füssel*

Wenn im späten 18. Jahrhundert Reisende ihre Eindrücke über das Hochstift Paderborn kundtaten, dominierten meist Befunde einer gewissen kulturellen Rückständigkeit. War dies zu großen Teilen einer doppelten Voreingenommenheit geschuldet – einer konfessionellen der Protestanten gegenüber dem Katholischen und einer kulturellen der Vertreter der urbanen Aufklärung gegenüber der Provinz – so reflektierten sich hier auch die nachhaltigen Spuren einer vom Krieg hart gebeutelten Gesellschaft.[46] So waren trotz zahlreicher Reform- und Wiederaufbaumaßnahmen auch Jahrzehnte später noch die Folgen des Siebenjährigen Krieges (1756-1763) im Hochstift spürbar.

Der Verlauf des Siebenjährigen Krieges im Nordwesten des Alten Reiches stand lange im Schatten einer Fokussierung auf die Kriegstheater Friedrichs II. in Schlesien und den preußischen Kernlanden.[47] So beklagten bereits die ersten zeitgenössischen Historiographen wie Christian Heinrich Philipp von Westphalen: „Man hält gemeiniglich, auch itzo, den hannöverischen Krieg für eine Folge des schlesischen Kriegs, oder für einen diesem ganz untergeordneten Krieg. Uns so urtheilet davon der große Haufen nicht allein. Mancher grosse Mann nimmt die Sache nicht viel anders. Ihm schwindet vor dem grossen Streit um Schlesien jedes andere Interesse zu

nichts, und die Vertheidigung von Hannover wird nur ein zufälliges An-
hängsel von der von Schlesien."[48] Doch stellte dieser Krieg auch für die Beziehungen zwischen Großbritannien, Hannover und dem Reich eine
Phase besonderer Intensivierung dar.[49] Spätestens seit 1714 sah sich die britische Außenpolitik immer wieder vor die Alternative zwischen *continental commitment* und *blue water policy* gestellt: Sollte man sich in Europa
für Hannover engagieren oder besser auf den Handel in den Kolonien setzen?[50] Mit dem Abschluss der Konvention von Westminster am 16. Januar
1756 waren sowohl Preußen als auch England dazu angehalten, den Frieden im Reich zu wahren und den Einmarsch fremder Truppen abzuweh-
ren.[51]

Ende August 1756 marschierten preußische Truppen jedoch bereits ‚prä-
ventiv' in Sachsen ein.[52] Es folgten sieben Jahre Krieg, die auch das Hochstift Paderborn und Willebadessen zum Kriegsschauplatz und Raum stän-
diger Heeresdurchzüge machten.[53] Zum Verhältnis der Franzosen, Briten
und ihren deutschen Alliierten zur Zivilbevölkerung im Nordwesten des
Reiches geben zeitgenössische Selbstzeugnisse aller beteiligten Parteien
Aufschluss.[54] Im Folgenden wird zunächst kurz der nordwestdeutsche
Kriegsschauplatz in seiner strategischen Bedeutung gewürdigt (1.), dann
Interaktion und Alltag der Armeen im Raum Paderborn thematisiert (2.),
um schließlich auf den Frieden einzugehen (3.).

## 1. Der Nordwestdeutsche Kriegsschauplatz:
## Strategische Kontexte

Nachdem am 1. November 1755 das Erdbeben von Lissabon ganz Europa
in Bestürzung versetzt hatte, kam es Anfang 1756 auch im Nordwesten des
Reiches wiederholt zu kleineren Erdbeben, die von manchen Zeitgenossen, ähnlich wie eine zeitgleich grassierende Mäuseplage, als Vorzeichen eines möglichen Krieges gedeutet wurden.[55] Im Paderbornischen ereignete
sich „zweimal ein Erdbeben von kurzer Dauer, nämlich am 18. Februar
1756 und am 19. Januar 1757. Man erschrak darüber desto mehr, weil solche
Naturerscheinungen in unserer Gegend ungewöhnlich sind, und Mancher

hielt selbe für Unglücksboten, die einen verderblichen Krieg ankündig-
ten".[56] Strategisch sei das Hochstift „mehr als jedes andere Gebiet in Westdeutschland ein Tummelplatz der beiden kriegführenden Mächte" geworden.[57] Grund dafür war unter anderem die Mittellage zwischen den Festungen Kassel und Lippstadt, sowie die „stattliche Anzahl von Heeresstraßen", wie dem Hellweg, dem Haarweg und noch etlichen anderen.[58] Im
Westen des Reiches begann die französische Armee im März 1757 mit ihrem Vormarsch, überquerte Mitte April den Rhein und nahm Geldern
und Wesel ein.[59] Ende April standen französische Soldaten bereits bei
Münster und zwangen die preußischen Verbände, bis nach Bielefeld zu-
rückzuweichen. In den beiden folgenden Monaten gelang es ihnen, im
Norden bis Emden und im Süden bis Kassel vorzudringen und beide
Städte einzunehmen.[60]

Das militärische Engagement der Briten begann daher mit einer extrem de-
fensiven Politik. Anstatt eine Expeditionsarmee in hannoversches Territorium zu entsenden, stationierte man eine „Observationsarmee" aus Trup-
penkontingenten Hannovers, Braunschweigs, Hessen-Kassels, Schaum-
burg-Lippes und Sachsen-Gothas im Süden Englands.[61] Zu groß waren
nicht nur die Furcht vor einer französischen Invasion und die Sorge um
die eigenen Grenzen, sondern vor allem der Zeitdruck, um eine schlagkräf-
tige Truppe zu mobilisieren. Erst im Juni 1757 wurden die Truppen unter
dem Kommando des Duke of Cumberland im Westen des Reiches stationiert.[62] Von Emden aus ging es durch das Emsland in Richtung Osnabrück. Die Einstellung der Bevölkerung wechselte auf dem Marsch Richtung Münsterland, je nachdem ob sich die Briten in protestantischen oder
katholischen fürstbischöflich münsterschen Territorien befanden, die eher
franzosenfreundlich eingestellt waren.

Zwar war der Siebenjährige Krieg insgesamt gewiss kein Religionskrieg,
doch zeigten sich konfessionelle Spannungen sowohl in der politischen
Propaganda als auch im Alltag in vielfältiger Weise.[63] So stachelten katholische Geistliche ihre Gemeinden zum Widerstand gegen die protestantischen Besatzer an, Geistliche wurden als Spione verdächtigt und Orte wie

Warburg von den deutschen Alliierten der Briten schwer geplündert, wobei möglicherweise auch die katholische Konfession seiner Bewohner eine Rolle spielte.[64] Schon die schiere Konfrontation mit großen Mengen von Angehörigen anderer Konfessionen konnte in einer Stadt des 18. Jahrhunderts angesichts von Gottesdiensten, Begräbnissen, Hochzeiten, Prozessionen oder anderweitiger Frömmigkeitspraktiken immer wieder für Probleme sorgen.[65]

Der Marsch von Lingen über Bentheim und Ahaus nach Coesfeld war sowohl von extremer Hitze, Staub und Trockenheit wie auch extremen Regenfällen, Überschwemmungen und Matsch geprägt, was bereits ohne Kampfhandlungen viele britische Soldaten mit dem Leben bezahlten. In den folgenden Jahren kam es zu einem Hin und Her der französischen und der alliierten Truppen von Emden im Norden bis Frankfurt im Süden, von Münster im Westen bis zum Harz im Osten. Insbesondere das Hochstift Paderborn erwies sich aufgrund seiner Verkehrslage als strategisch wichtiger Knotenpunkt verschiedener Aufmarschwege der französischen Armee nach Kurhannover und damit dem Territorium, in dem die beiden Teilkonflikte des Siebenjährigen Krieges zusammenliefen.

Das Hochstift Paderborn und mit ihm auch Stadt und Kloster Willebadessen lagen inmitten eines Kriegsschauplatzes, der von einer hohen Mobilität von Armeen geprägt war.[66] Der Siebenjährige Krieg kannte keine festen Fronten, sondern einzelne Kriegstheater, die von einem ständigen Ausmanövrieren der Parteien geprägt war. Für die Zivilbevölkerung verschärfte sich die Situation damit zusehends, da sich bei mehrmals wechselnden Durchzügen die Unterschiede zwischen Freund und Feind zunehmend nivellierten und alle Truppen eine Bedrohung der materiellen Lebensgrundlagen und der zivilen Infrastrukturen darstellten. Zudem trugen sie Krankheit und Gewalt in Städte und Dörfer. Die zuletzt von rechtshistorischer Seite geäußerte These, die großen Schlachten hätten in ihrer Entscheidungsqualität und Gewaltkonzentration Schaden von der Zivilbevölkerung abgewendet, verfehlt die soziale Realität.[67] Größere Schlachten waren nicht nur die Ausnahme; wenn sie denn stattfanden, waren die

Auswirkungen nicht nur für die Bevölkerung in der unmittelbaren Umgebung, sondern entlang langer Versorgungsrouten und Verkehrswege fatal. Die Armeen mussten versorgt werden und die Verwundeten trugen Infektion und Krankheit in die Ortschaften.

## 2. Alltag und Konflikt im Krieg ohne Fronten: soziale und kulturelle Kontexte

Detailreiche Einblicke in den Kriegsalltag des Hochstiftes gewähren die Tagebücher des Paderborner Archidiakonatskommissars Theodor Heinrich Malberg (1714-1790), des Probstes Thoß von Kloster Gehrden und des Kanonikus Joseph Ludwig Gleseker (gest. 1797).[68] Malberg schildert das Kommen und Gehen der französischen und alliierten Truppen, registriert alltägliche Drangsale des Krieges wie Kontributionsforderungen und Einquartierungen ebenso wie außergewöhnliche Vorkommnisse.

Das Hochstift Paderborn lag an einem Knotenpunkt mehrerer Aufmarschwege der Franzosen Richtung Kurhannover und war daher besonders von Durchmärschen betroffen: „Weil nun die Hauptroute vom Rhein nach der Armee über Paderborn ging, so wurde von den vielen Pferden der Husaren, welche auf der Gierstraße und Bustorf ihr Quartier hatten, und so vielen tausend Wagenpferden, welche bei Tag und Nacht ab und zu fuhren, die Paderbornische Feldmarck, besonders die Sommerfrucht nebst allem Grase auch hier völlig abfouragirt und ruinirt".[69] Willebadessen lag in einer strategisch dynamischen Region, so dass rund herum mehre der großen Feldschlachten des nordwestdeutschen Schauplatzes stattfanden: Die Schlacht von Warburg im Juli 1760 ereignete sich rund 20 Kilometer südöstlich, die Schlacht von Vellinghausen 1761 fand rund achtzig Kilometer westlich und die Schlacht bei Wilhelmsthal im Juni 1762 rund 40 Kilometer südöstlich von Willebadessen statt.[70]

Zu den eher schwerfälligen größeren Armeekontingenten, die man für eine Feldschlacht benötigte, trat der kleine Krieg mit seinen mobilen Reitereinheiten.

Einige kurze Passagen vermitteln bereits einen Eindruck, dieser stetig wechselnden ungebetenen Gäste in Willebadessen: „Am 9. und 10. August 1759 erpreßte ein streifendes Kommando von 9 Mann 9 Thaler und 12 Groschen. Am 10. Okt. 1759 hatte das Kloster an die hannoversche Armee tausend Rationen zu liefern. Vier Lucknersche Husaren überfielen am 22. November 1759 das Kloster und wollten die Pferde aus dem Stall mitnehmen, zogen aber, als sie sich von den Knechten und herbeigerufenen Männern aus der Stadt umstellt sahen und 28 Thaler erhielten."[71]

Die Lucknerschen Husaren waren ein mobiles Freikorps in Diensten Kurhannovers unter dem Kommando des ‚Parteigängers' Johann Nikolas von Luckner (1722-1794.[72] Seit 1757 im Dienst operierten die Lucknersche Husaren vom Harz bis nach Westfalen. Nach der Schlacht bei Minden am 1. August 1759 richtete sich ihr Interesse auch auf Willlebadessen, denn Luckner war im Umfeld der Schlacht seine Dienstcasse mit 7000 Reichstalern abhandengekommen, die er nun durch Kontributionen wieder zu füllen gedachte. Diese entfielen auf folgende Städte und Stifte: „Vom Stifte Dahlheim 1250 Rthlr, Vom Stifte Boedeken 1250 Rthlr, Vom Stifte Gören 1250 Rthlr, Vom Stifte Wilbadessen 1250 Rthlr, Von der Stadt Beverungen 2000 Rthlr".[73]

Das war der Alltag in dieser Form der Kriegführung, ständige Belastungen durch rasch wechselnde ‚Gäste' vor Ort und eine virtuelle Teilhabe am Weltgeschehen vermittelt durch die Zeitungen. Die Bewohner des Hochstiftes, Hessens oder Westfalens verfolgten wie die anderer Reichsterritorien die Geschicke der britischen Armee jedoch nicht nur vor Ort, sondern vermittelt über die Medien auch in den überseeischen Kolonialkriegen des Empire.[74] Dramatischer wurde es, wenn tatsächliche Kampfhandlungen einen Ort wie Willebadessen erreichten. Im Jahr 1761 agierten auf dem nordwestdeutschen Kriegsschauplatz zwei französische Armeen, die eine unter Soubise kam vom Niederrhein mit Ziel Münster, die andere unter Broglie sollte aus der Maingegend über Göttingen nach Hannover vordringen. Hannoversche Einheiten unter General August Friedrich Freiherr von Spörcken (1698-1776) standen an der Diemel, um Broglie aufzuhalten, gerieten jedoch Ende Juni unter Druck der vorrückenden Franzosen und suchten den Rückzug Richtung Paderborn. In der Folge ereignete sich das einzige größere Gefecht in und um Willebadessen. An diesen Rückzugskämpfen zwischen Kleinenberg und Willebadessen am 29. Juni 1761 waren Luckners Husaren nicht direkt beteiligt, er stand jedoch in der Nähe und korrespondierte über die Verluste der dort engagierten Männer unter General von Spörcken.[75] Herzog Ferdinand von Braunschweig war wenig begeistert von der Tatsache, dass sich Spörcken in Willebadessen festgesetzt hatte, statt nach Rietberg zu marschieren: „Mich schaudert, zu vernehmen, daß er sich in Willbadessen befindet. Und ich werde nicht ohne Sorge sein, ehe ich vernehme, daß er glücklich aus diesem Loch herausgekommen ist, wohin er auf keinen Fall hätte gehen dürfen."[76] In einem ersten Brief Luckners an den Braunschweigischen Oberstleutnant Friedrich Adolph Riedesel vom 30. Juni heißt es dann noch etwas allgemein: „Leider, bei den Spörkischen Corps ist es nit guet hergegangen gästert".[77] Noch am gleichen Tag folgte ein zweiter Brief, der konkreter wurde: „Die Cavallerie hat auf die Jäger eingehauen in einen so dikhen Wald, das nit glaubahr war, das wegen des sehr dikhen Waldts ein Pferd durchgekommen sein [soll]. Der Verlust bestehet in etliche 30 Mann, hingegen der Feindt soll bey 200 Mann verlohren haben."[78] Moderne Historiographen gehen davon aus, dass der Kampf am Waldeingang zum Hellegraben und damit dem damaligen Übergang zwischen Willebadessen und Kleinberg „besonders heftig" getobt habe.[79] Die Verluste der Alliierten hätten hier 95 Mann betragen. Auf französischer Seite fiel als ranghöchster Offizier Christoph François Philippe Vicomte de Custine, der offenbar in der Kleinenberger Kirche St. Cyriakus beigesetzt wurde.[80] Weitere Kämpfe ereigneten sich am gleichen Tag noch in Stadt und Kloster Willebadessen, wohin sich die Franzosen zurückzogen. Als Spörckens Männer sich schließlich zurückziehen mussten, wurden sie von Luckners Husaren gedeckt.[81] Er verlor weitere 100 Mann an Toten und 300 Gefangene sowie erhebliche Mengen an Material, 100 Bagagewagen, 8 Geschütze und 17 Pulverwagen.[82] Auch Malberg in Paderborn entgingen die Ereignisse nicht, er berichtet: „Den 29. Juni Morgens um 11 Uhr habe ich im Garten das Donnern der Stücke gehört, und zwar nach Brackel hin ungefähr. Es war der General von Spörken, welcher von Warburg sich retiriren mußte; seine Arrieregarde wurde von den Franzosen bei Willebadessen attaquiret und einige Bagage und Karren geplündert. Bei den erbeuteten Pulverkarren kamen 4 Menschen von Willebadessen um, weil einige in Brand gingen."[83]

Das Kloster Willebadessen beherbergte nun bis zum 3. Juli angeblich das Hauptquartier des Maréchal de France Victor-François Duc de Broglie, einige seiner Männer sogar noch drei weitere Wochen.[84] Er selbst residierte wohl in Lichtenau, wenn man nach den Absende-Orten seiner Korrespondenz geht; erst in der ersten Augustwoche ist er in Willebadessen.[85] Die Dramatik dieser Station für den Ort wird mit Blick auf die Relationen deutlich, rund 1000 Einwohner hatten nun mit 2000 einquartierten Soldaten umzugehen.[86] Die Akten des Klosters berichten: „Nach dem Gefecht (am 15.16. Juli bei Völlinghausen) kam am 1.8. das französische Hauptquartier hier ins Kloster, wo der kommandierende General, der Herzog Broglie, den oberen und dessen Bruder den unteren Flügel einnahmen. In der Küche wie auch im Kreuzgange und Keller wurde für den ersteren, im Viehhaus für den zweiteren gekocht; auf dem Rempter war die Konditorei. Ringsum Willebadessen waren die Lager aufgeschlagen. Äcker, Viehhäuser, Scheunen, der Schafstall und der ganze Klosterhof standen voll von Pferden und Maultieren, daß man kaum hindurchgehen konnte. Die klösterlichen Früchte blieben bis zum 8. August ziemlich von der Fouragierung verschont. Als aber in der Willebadessener und umliegender Feldmark nichts mehr zu holen war, wurden auch die klösterlichen Weizen-, Roggen-, Gerste-, Hafer- und Raufutterfelder völlig abfuragiert."[87]

Ein Hindernis für die Mobilität der Armeen stellten anhaltende Regenfälle dar, die auch metaphysische Deutungsmuster auf den Plan riefen. So berichtet Malberg 1757 über ein Gewitter, dass die Hannoveraner gesagt hätten, es „müßten nothwendig einige Zauberer in Paderborn wohnen, welche ein solches Wetter gemacht hätten, aber mich gedünket, daß selbiges nicht unbillig dem Zorn Gottes zuzuschreiben sei, weil ein boshafter Mensch von diesen abmarschierenden Truppen, die auf der Brücke vor Neuhaus ausgestellte große steinerne Statue des hl. Johannes Nepomuceni völlig zerstümmelt und zerschlagen, auch die da gegenüber gesetzte Leuchte mit fortgestohlen."[88] Übermäßige Hitze indes beförderte Krankheiten: „Da nun in diesem Sommer eine besondere starke Hitze war, so fingen die Krankheiten in den französischen Lazarethen zu Hannover, Braunschweig, Hameln, Paderborn, Lippstadt, Münster und allerorten erschrecklich an zu wüthen, daß sie, wie die Franzosen selbst sagen, über 50.000 Mann durch Krankheiten verloren hätten."[89]

Die vielen Toten mussten auch beerdigt werden, wodurch nicht nur hygienische, sondern auch konfessionelle und soziale Herausforderungen entstanden. Der Paderborner berichtet weiter, man habe immer öfter Franzosen gesehen, die ihre in den Lazaretten verstorbenen Kameraden „ohne einige Ceremonien" in „einen Sack gesteckt, auf eine Bahre, welche einer Mistbahre nicht unähnlich, nach den beiden Kirchhöfen außer den Thoren" bringen ließen. Die Soldaten, die nicht katholischen Glaubens waren, „verscharrten sie in Gärten, Wiesen oder wo sie zutrafen, wie denn S.V. zwei in privet auf der Domdechanei sind gefunden worden."[90] Endlich habe die Krankheit unter den Franzosen so gewütet, dass die „fuderweise begraben wurden, und sind in Paderborn wenigstens gewiß 2000 Mann verstorben und begraben worden. Um nun den vielleicht hierauf zu befürchtenden Krankheiten vorzubeugen, als wurde von der Regierung anbefohlen, die beiden außer der Stadt gelegenen Kirchhöfe mit Kalk und Erde zu befahren."[91] Gerade angesichts solch angespannter Verhältnisse traten die sozialen Ungleichheiten der ständischen Gesellschaft noch deutlicher zu Tage, denn die adeligen Offiziere verzichteten keineswegs auf Luxus und Festkultur: „Bei diesen betrübten Zeiten gingen die Lustbarkeiten bei den hohen Prinzen ihren Gang. Einige Mal in der Woche war Komedie auf'm Rathhause, Samstags Konzert auf der Kanzlei und schier alle Abend Souppé bei dem Herzoge, wobei dann unsere Noblesse erscheinen mußte.

Den 9. April war auf'm Rathhause Ball en masque und auf den Gassen weinten die Leute und suchten Brodkorn."[92]. Dadurch, dass Städte wie Paderborn über materielle Infrastrukturen und Ressourcen, wie Stein, Holz oder Metalle sowie repräsentative und vor allem geräumige Baulichkeiten verfügten, wurden sie auch zu bevorzugten Zielen von Umnutzungen und regelrechtem Kahlschlag bei der Suche nach Holz.[93] Malberg gibt ausführliche Einblicke in diese Vorgänge, welche die Stadt von Kriegsbeginn an veränderten. So habe das Kollegium der Jesuiten einiges ausstehen müssen, als man „ihnen in ihrem Garten die Bäume abhaute, die darum gezogene Mauer herunterriß, und 15 große Backofen darin angelegt wurden, daneben auch von den Jesuiten angekaufte Bauholz zerschnitten und von selbigem ein sehr großes Back- und Brodhaus in selbigem aufgeführt wurde."[94] Das Gymnasium, die Domdechanei und das Zuchthaus wurden zu „französischen Hospitälern" umfunktioniert. Auch weitere Klöster (Abdinghof) und Gärten wurden zur Station von Backöfen und gewaltige Mengen Mehls – Malberg schreibt von „100.000 Sack Mehr vom Rhein" – mussten gelagert werden. Dafür nutzte man wie anderorts auch die Kirchen Paderborns, deren Gestühl man zuvor entfernt hatte. Man spürt den Unmut des Kirchenbediensteten Malberg über die ausfallenden Festivitäten und Gottesdienste sowie den sich zunehmend verweltlichten Gesamteindruck: „Der Domkirchhof sah einem Pferdestall und einem Ochsenmarkt ähnlicher, als einem Gottesacker."[95] Die Logistik des Krieges nötigte auch die Armee des katholischen Frankreich zum pragmatischen Umgang mit den Sakralbauten.

Immer wieder registriert Malberg auch kulturelle Eigenheiten der fremden Truppen. So fielen die Engländer neben ihrem immensen Alkoholkonsum auch durch die ungewohnte Zweikampfpraxis des Boxens auf: „Die Engländer schlagen sich nicht viel mit Degen oder Säbel, dagegen bocksen sie sich öfterer, wie ich solches denn gesehen. Sie ziehen nemlich ihre Hemde aus und stoßen sich mit den Daumen ins Gesicht und auf den bloßen Leib, daß das Blut herausfließt."[96] Insgesamt ist der Paderborner mit der Disziplin der Briten zufrieden, kritisch registriert wird vor allem Vandalismus und Diebstahl in sakralen Räumen: So berichtet er öfter über Fälle wie diesen: „In Dössel unweit Warburg wurde von den Engländern in die Kirche gebrochen und das Sanctissimum herausgeworfen, die Monstranz aber, als sie sahen, daß selbige nicht von Silber oder Gold, wie sie vermeinten, sondern von vergüldeten Kupfer war, in Stücken zerschlagen."[97]

Das Tagebuch zeigt die unterschiedliche Frequenz von Besuchen durch Kavallerie und Infanterie, von größeren Infanterieverbänden blieb das Hochstift meist verschont, während die kleinen mobilen Kavallerieeinheiten von französischen Dragonern, hannoverschen Jägern oder den Lucknerschen Husaren sich fast im täglichen Wechsel ablösten, manchmal sogar in den Orten unverhofft aufeinandertrafen. Während diese Verbände oft rücksichtlos auf rasche Beute aus waren, war die Einquartierung eine geregeltere, aber zeitlich längere und damit auch Ressourcen zehrende Begegnungsphase.

Für das soziale Gefälle zwischen lokaler, oftmals ländlicher Bevölkerung und britischen Soldaten sind vor allem die Bemerkungen Corporal Todds zum Heiratsverhalten aufschlussreich. Aus dem Kantonierquartier in Geseke südöstlich von Lippstadt berichtet er am 24. April 1761: "We Live well here, but we Expect to take the field shortly. Several of or men gets Married here as the Younkers thinks it a great Honour to Marry with an English Soldier, their Wages being so very small here etc."[98] Ein Woche später berichtet er angesichts eines bevorstehenden Aufbruchs: „der größte Teil der Stadt war beunruhigt, dass wir weggingen [...] mehrere unserer Männer hatten in der Stadt geheiratet, seit wir gekommen waren, was sie mit uns vereinte, als ob wir aus ihrem eigenen Land gewesen wären usw.".[99] Auch Johann Conrad Lütgerts aus Isselhorst – heute ein Teil Güterslohs – berichtet wenige Monate später in seinem *Lebens-Laufe* von der spektakulären Heirat eines britischen Offiziers.[100] Oftmals scheint es sich jedoch um Scheinehen gehandelt zu haben, was die Akzeptanz seitens der Familien nicht gerade gefördert haben wird. Der Soester Alt-Bürgermeister Franz Goswin von Michels notiert 1761 in seinem Tagebuch: „Ein Regimentstambour copuliert einen Soldaten mit des Bühners Mencken Tochter, das

Mensch glaubt, es sei eine wirkliche Copulation, nach 8 Tagen jagt der Engländer das Mensch wieder weg als eine Hure, viele Soldaten, welche in England Weiber haben, heirathen auf solche Art hier auch wieder Weiber, um sie kurze Zeit nachher wieder wegzujagen." [101]

Ein Faktor, der entsprechende Kontakte nicht unbedingt erleichtert haben wird, war der ständige erhöhte Alkoholkonsum der Briten.[102] Alkohol kann als eines der, wenn nicht *das* bestimmende Thema von Todds Tagebuch im Alltag auf dem nordwestdeutschen Schauplatz ausgemacht werden. Gin, Geneva oder einfach Liquor werden fast jeden Tag erwähnt, häufig genug als Auslöser von disziplinarischen Problemen. Die Bedeutung des Alkohols spiegelt sich auch in den Zeugnissen der deutschen Zivilbevölkerung wider. So notiert etwa Lütgerts aus Isselhorst 1760 knapp: „den 25. Jan. waren in Isselhorst die beiden Englischen Infanterie Regimenter Kinsley und Brudenals einquartiret. Sie hielten vortreffliche Manns-Zucht, hatten viele Ducaten und Soffen viel Brantwein".[103] Malberg notiert in Paderborn: „Die Engländer soffen so unmenschlich allhier, daß man öfters über die Gassen mit Ruhe nicht kommen konnte."[104]

Insbesondere bei Belagerungen und Befreiungen französisch besetzter Städte war die englische Suche nach Viehfutter und Lebensmittelressourcen auch immer wieder mit der Suche nach Alkohol verbunden.[105] Bereits Ende August 1758 sah sich Lieutenant-Colonel James Adolphus Oughton (1719-1780) vom 37. Regiment of Foot in seinem *Journal* zu einer Rechtfertigung der harten Fouragierung in der Gegend um Dülmen gezwungen: „Aber da die Truppen gezwungen waren, alles Getreide abzuschneiden und alles Heu und Stroh zu beschlagnahmen, weil es kein anderes Futter gab, und den Männern erlaubt wurde, Wurzeln zu sammeln, was es unmöglich machte, Plünderungen völlig zu verhindern, sind die armen Bauern in die größte Not geraten. Dies scheint jedoch eine notwendige Maßnahme zu sein, nicht nur um unsere eigene Armee zu versorgen, sondern auch um zu verhindern, dass der Feind irgendeine Unterstützung aus diesem Land bezieht, sollten wir gezwungen sein, uns zurückzuziehen."[106] Je länger der Krieg wehrte, desto angespannter wurde die Versorgungslage, und die hier geschilderte taktische Ausfouragierung des Landes erreichte extreme Ausmaße. Im Juni 1761 berichtete von Michels aus Soest: „überhaupt sind die Engländer allhier große Prählers, Schwelgers, Hurer und versoffene Leute, sie geben genug zu verstehen, daß sie das Land wollten auffressen, damit die Franzosen nichts finden sollen, und wann die Franzosen wollen anrücken, so werden sie sich retirieren, wozu alles eingepackt wird.[107] Die materiellen Belastungen machen Engländer und Franzosen in den Augen der betroffenen Bewohner dabei immer ähnlicher. Im gleichen Monat schreibt von Michels über die Briten: „sie sind, wenn nicht schlimmer, so doch eben so schlimm, wie die Franzosen.“[108]

Auf der Ebene der Offiziere unterschieden sich die Wahrnehmungsmuster deutlich.[109] Richard Davenport (1719-1760) etwa, Major im 10. Dragonerregiment berichtet über gesellige Interaktionen im Westfalenland. Aus dem Quartier von Nottuln berichtet er am 21. Mai 1759 von tanzbegeisterten Kanonissen:

„The dirty village and peasant's barn, which was my lot in Winter, is changed to a pleasant country place and a handsome, modern house, belonging to a chapter of canonesses, all of noble blood. Two of the four that live in the house with me are young and genteel and one of them as handsome as an angel. They are perfectly easy and well bred, without affectation, speak French and love English country dances as well as any girls in England, which you will believe when I tell you we have had three balls a week ever since we came here, three or four of which have lasted till day light. The lady Abbess, at whose house General Eliott is quartered, opens with a minuet and generally dances about ten“[110] Die Offiziere wechselten sich bei der Ausrichtung der Bälle nach ihrem Rang ab, General, Major, Colonel bis zu den Captains etc., man trank Tee und sang französische Lieder. Doch plötzlich wurde die scheinbare Idylle durch den Marschbefehl eines Trompeters jäh beendet: „Adieu Nottuln! Adieu Madamoiselles d'Ascheberg, de Chalis and van Galin! Adieur tot he love and graces that hover round the two former and to the Frozy odour that exhales from every pore of the latter when she sweats in dancing“.[111]

Auch in Bramsche trifft Davenport wieder auf einen Konvent geistlicher Frauen, mit denen er ein ausgiebiges Dinner feiert. Bei dieser Gelegenheit erhält der Leser auch weiteren Aufschluss über die vergleichsweise wenig thematisierte Frage, in welcher Sprache eigentlich die Verständigung zwischen Briten und Deutschen erfolgte: „I placed Knigge next the old woman, who was turned of 70, to talk German to her and sat myself next the fat friar and talked Latin to him, with a bottle alwasys between us and we made a strict friendship.“[112] Latein fungierte auch gegenüber den französischen Besatzern für viele Reichsbewohner als eine lingua franca. Immer wieder klagten jedoch von Einquartierung betroffene Zivilisten über die mangelnden Sprachkenntnisse der Briten. So notiert etwa der Soester von Michels: „Ueberhaupt redet fast kein Officier deutsch oder französisch, welches sehr incommode, sie halten aber gute Zucht und strafen durch Peitschen sehr hart.“[113] Für Davenport war die Sprachbarriere offenbar jedoch vor allem ein Hindernis im ‚galanten‘ Kontakt zu Frauen, seiner Ansicht nach nur noch erschwert durch konfessionelle Unterschiede.[114] Der letzte Brief Davenports datiert vom 12. Juli 1760 aus dem Lager bei Sachsenhausen, von wo er schreibt: „I never was in better health and spirits“.[115] Lediglich der Mangel an Schlaf und regelmäßigen Mahlzeiten wird beklagt. Der folgende Brief an seinen Bruder stammt dann nicht mehr von Davenport, sondern von seinem Freund Eliott. Am 1. August 1760 schreibt er nach der Schlacht bei Warburg: „Dear Davenport, Prepare yourself for the greatest shock. Our dear friend, your brother, was killed upon the spot, instantaneously, in the action of yesterday“.[116] Doch nicht nur für die kämpfenden Soldaten war die Schlacht eine Gefahr, sondern auch für die Bevölkerung Warburgs, ausgerechnet durch Plünderungen einer Einheit deutschstämmiger Soldaten, auch wenn diese den Namen *Légion des Volontaires Brittanique* führte. Diese war von dem hannoverschen Major Christian August von Bülow (1728-1760) zu Jahresbeginn 1760 aufgestellt worden. Der braunschweigische Offizier Heinrich Urban Cleve (1733-1808) notiert "Nicht einer von den Warburgischen Einwohnern wird diesen für sie so unglücklichen Tag vergessen, weil die Legion dieselben auf das allergewaltsamste mitnahm und fast gänzlich ausplünderte. Die allerexorbitantesten Exzesse sind da selbst ausgeübt worden"[117] Auch in anderen Städten wie Münster wütet die "légion tyrannique" bzw. „légion diabolique", wie sie Zeitgenossen nannten.[118]

Ein kleiner, in der öffentlichen Wahrnehmung aber enorm wirkmächtiger Teil der britischen Armee bestand aus schottischen Regimentern.[119] Die eintreffenden Schotten wurden von den Zeitgenossen genau registriert, wie etwa das Beispiel des Soesters Franz Goswin von Michels zeigt, der im April 1761 notierte: „Es kam zuerst um 9 Uhr das Bataillon Bergschotten, sie kommen von Münster und gehen zur großen Armee nach Paderborn; sie hatten bunte Strümpfe an, keine Hosen, einen Weiberunterrock, ging beinahe bis an die Knie, demnächst ein Kamisol und eine bunte Decke über die Schulter und dann eine blaue platte Mütze auf mit einem Rand, wie ein Hut, eine Flinte, Bajonet, eine Pistole, ein Wurfmesser, das Degengefäß wie ein eiserner Maulkorb, überhaupt sind diese Leute gutherzige, brave und ehrliche Leute gewesen, allenthalben, wo sie logierten, sind die Leute content gewesen, haben brav Geld.[120] Aus Paderborn berichtet Malberg ganz ähnlich: „Den 2. Juni [1760] rückten allhier ein Regiment Bergschotten, 900 Mann stark ein. Diese Leute trugen keine Hosen, sondern nur eine Schürze, daß also die Knie und Halbscheid deren Beine bloß sind. Ihre Feldmusik ist die Trommel und ein Dudelsack. Man kann sich über diese Leute nicht beklagen; sie hielten allhier einen Rasttag und marschirten nach Kassel."[121]

Schon 1757 erschien eine Flugschrift, die ‚ethnographisch' auf die „lächerliche Lebensart der Bergschotten"eingeht, über ihren militärischen Einsatz im kleinen Krieg jedoch wenig Zweifel lässt: „Sie werden die Franzosen auf solche Art attaquiren, als wie die Oesterreichischen Panduren denen Preußen zu thun pflegen, wenn nicht ein widrig Schicksal ihren Vorhaben ein Ziel setzet".[122] Die Berg-Schotten wurden zu den guten Kosaken des Westens stilisiert, zu ‚edlen Wilden' aus den Bergen, die tapfer waren und ihrer kulturellen Erscheinung einer anderen, fernen Zeit zu entstammen schienen.[123]

Nachhaltiger und drückender als die unfreiwilligen Erfahrungen des Kulturkontakts waren allerdings die ökonomischen Belastungen des Hochstiftes, die von „Einquartierungen, Fouragelieferungen, Stellung von Arbeitern, Unterhaltung der Hospitäler und des Kontingents [sowie] Kontributionen" ausgingen.[124] Am 9. Juli 1762 zeigt sich in der Übergabe der neuen „Quotation" Ferdinands von Braunschweig das Ausmaß der finanziellen Kosten für die Region Paderborn: „Das Hochstift sollte nunmehr 153.000 Taler binnen 4 Wochen aufbringen und an den Feldkriegskassierer Meinecke abliefern, widrigenfalls mit der Exekution zu rechnen sei. Im Einzelnen sollten aufbringen: das Domkapitel 15.000 Taler, das Jesuitenkolleg in Büren 12.000 Taler, das Busdorfstift 6.000 Taler, Stadt- und Landpastorat 4.000 Taler, vom geistlichen Stand insgesamt 96.000 Taler, von weltlichen Ständen insgesamt 57.000 Taler, darunter die Ritter 25.000 Taler, die Stadt Paderborn 16.000 Taler, Stadt Lippspringe 500 Taler, die Judenschaft des Hochstifts 6.000 Taler."[125] Auf das Nonnenkloster zu Willebadessen entfielen 1500 Taler.[126]

Im Hochstift Paderborn stritt man noch 1783 um die Kosten der von Franzosen und Alliierten verursachten Schäden und um den Ausgleich finanzieller Belastungen durch die Stellung eines Kontingentes zur Reichsarmee.[127] Das verwundert kaum, wenn man berücksichtigt das Stoffers die Gesamtkosten des Krieges für das Hochstift auf 7.371.713 Taler schätzte.[128]

### 3. Endlich Frieden:
### Politische Kontexte

Die Auswirkungen der Personalunion wurden nicht nur am Beginn des Krieges im kontinentalen Engagement der Briten deutlich, sondern auch an dessen Ende. Der Siebenjährige Krieg endete 1763 mit zwei separaten Friedensschlüssen am 10. Februar in Paris und am 15. Februar im sächsischen Hubertusburg.[129] Während England mit Frankreich und Spanien in Paris verhandelte, schlossen Preußen und Habsburger in Hubertusburg Frieden. Bereits im November 1762 hatten Briten und Franzosen in Fontainebleau allerdings einen Präliminarfrieden ausgehandelt.

Dombenefiziant Malberg in Paderborn atmet auf und berichtet: „Den 9. Novembris kam endlich die höchst erwünschte und erfreuliche Zeitung aus der alliierten Armee allhier an, daß die Friedens-Präliminarien den 3. 9bris zu Fontainebleau zwischen Frankreich und England unterzeichnet wären. Diesem nach zogen sich die Franzosen nach dem Rhein, die Alliirten ins Fuldische, Hildesheimsche und die Engländer ins Münsterische und Osnabrückische."[130] Schon kurz darauf verließen die britischen Truppen das Reich. Der Isselhorster Lütgerts notiert, vom 10. bis 13. Dezember „brachen sämtliche Engl. Troupen aus dem Osnabrückischen durchs Münsterische nach der Holländischen Grentze auf um eingeschifft zu werden nach Engeland. Herr Macullock kam zum Abschiede nach Isselhorst und reisete den 17. Dec. wieder ab".[131]

In den kurhannoverschen Territorien erfolgten daher die Friedensfeiern bereits früher als in anderen Teilen des Reiches im Januar 1763.[132] Die Friedensfeiern waren obrigkeitlich verordnet, boten den Untertanen jedoch einen gewissen Spielraum in der Ausgestaltung der Solennitäten und der symbolischen Artikulation patriotischer Gesinnung.

Doch ganz zu Ende war der Krieg noch nicht. So berichtet Malberg: „Ob wir wegen den Frieden nun zwar von den Hannoveranern nichts mehr zu befürchten hatten, so schrieb doch der preußische Major Bauer, welcher mit einem kleinen Corps unweit Wesel stand, auf den Klöstern Hardehausen, Dalheim und Büren nochmals eine schwere Contribution aus, als nämlich ersteres und zweites jedes 6000 Thlr., Büren aber 8000 Thlr., welche sie auch bezahlen müssen."[133] Denn die Friedenskunde hatte die Region offenbar noch nicht erreicht, wenn der Paderborner fortfährt: „Da nun auch den 15. Februar der Frieden zwischen der Kaiserin und dem König in Preußen, ohne daß wir solches allhier schon wissen konnten, war unterschrieben worden, als wurde dem 19. Februar von gemeldetem preußischen Major Bauer nochmals eine Contribution von 100.000 Thlr. von hiesigem Lande gefordert. Da aber kur darauf der Friedensschluß kund wurde, als bekam er Gottlob von dieser Summe nichts."[134] Nun war es auch Zeit für die letzten Hannoverschen Soldaten und einen Dank an den

Heiligen Liborius: „Den 15. März verließ uns und unser ganzes Land unsere so lange allhier gelegene Hannoversche Garnison, und wurden wir also endlich durch Gottes Güte und die Fürsprache des heiligen Liborii von unseren Feinden, welches uns ohne alles Recht 5 ganze Jahre so hart gequält hatten, befreit."[135] Nun kehrte am 3. Mai auch das aus „217 Köpfen" bestehende Paderbornische Regiment der Reichsarmee wieder in seine Heimat zurück.[136]

### Fazit

Sowohl die Wahrnehmungen und Deutungen der Zeitgenossen als auch die historische Erinnerungskultur zeigen, dass der Siebenjährige Krieg gerade im Westen des Reiches von einer enormen Diversität an Akteuren, Territorien, Konfessionen und Interessen geprägt war, die sich einer eindimensionalen Erzählung entzieht, wie sie lange durch eine Fokussierung auf Friedrich II. und den schlesischen Kriegsschauplatz erzeugt wurde. Bereits die Zusammensetzung der Konfliktparteien hätte unterschiedlicher nicht sein können. Eine alliierte Armee aus u.a. Engländern, Schotten, Hannoveranern und Braunschweigern stand einer gegnerischen Koalition aus Franzosen, Sachsen und Kontingenten der Reichsarmee gegenüber. Die umkämpften Gebiete umfassten hannoversche, preußische, hessische oder auch fürstbischöflich münsterische oder kurkölnische Territorien, deren Konfessionen wiederum sehr unterschiedlich waren. Den katholischen und franzosenfreundlichen Bewohnern der Städte Münster oder Paderborn lag mitunter wenig an einer „Befreiung" durch die Briten, gegenüber denen man mehr Vorurteile hatte als gegenüber den Franzosen. Die Personalunion kam als weiterer Faktor in diesen komplexen Gemengelagen hinzu und bildete selbst einen Untertanenverband mit unterschiedlichen Sprachen und Bekenntnissen aus. Ein besonderes „commitment" für Hannover lässt sich in den Selbstzeugnissen der „redcoats" allerdings nicht beobachten. Für sie blieb der Konflikt ein Stellvertreterkrieg, und selbst gegenüber den Franzosen hegte man keine tiefere Feindschaft.

Für die französische und die alliierte Armee im Westen des Alten Reiches gestaltete sich der Alltag nicht grundsätzlich anders als für andere stehende Söldnerheere der Zeit. Ein Blick aus der Nähe zeigt jedoch auch gewisse Distanzen auf, die in sprachlicher, religiöser, sozialer wie kultureller Hinsicht zwischen den Briten und Franzosen und den Bewohnern der unterschiedlichen nordwestdeutschen Territorien bestanden. Das Spektrum reichte von Verachtung der Briten und Franzosen für die vermeintliche kulturelle und ökonomische Rückständigkeit nordwestdeutscher Reichsterritorien auf der einen bis zur Bewunderung der Gastfreundlichkeit seiner Bewohner auf der anderen Seite. Bei der deutschen Bevölkerung kursierten spiegelbildlich Bilder einer versoffenen Soldateska wie von reichen und tapferen Soldaten aus dem Westen. Es galt unter den Bedingungen vor Ort zu leben und zu überleben, was in der Praxis auch bedeutete, dass es zu Übergriffen kam und die Armee sich nahm, was sie benötigte. Entsprechend uneinheitlich fiel auch die Beurteilung durch die Zivilbevölkerung aus. Imaginationen der Fremdheit, wie sie idealerweise die Schotten verkörperten, führten jedoch nicht zu unüberwindlicher Distanz, sondern bei guter ‚Mannszucht‘ auch zur Anerkennung. Im Alltag verwischten die Grenzen zwischen Freund und Feind zusehends, alle Parteien wurden zur Belastung der Existenzgrundlage. Die Welt geriet wortwörtlich aus den Fugen, wenn Gebäude umgenutzt, verbautes Holz und Mobiliar zu Brennholz wurde und die Toten nicht nur die Friedhöfe bevölkerten, sondern vielerorts ihre anonymen Grabstätten fanden. Gerade das tief katholische Paderborn registrierte nun auch Unterbrechungen und Hindernisse des religiösen Kultus, der den Alltag der Menschen der Zeit so sehr bestimmte. Faktoren, die in Friedenszeiten für Wohlstand sorgten, wie eine zentrale Verkehrslage, wurden nun zu Faktoren der Bedrohung, da sie die Wahrscheinlichkeit von Durchzügen erhöhten.

In der Erinnerungskultur zeigt sich schließlich abermals die Heterogenität der Konstellation auf dem westlichen Kriegsschauplatz. Die Erinnerung oszilliert hier zwischen lokalem Gedenken und regionalgeschichtlicher Forschung, dem hohen Stellenwert in der britischen Militärgeschichte und dem kollektiven Vergessen innerhalb der deutschen Geschichtskultur.[137] Der Thementag des Geschichtsvereins Willebadessen war insofern ein geeigneter Anlass, die Ereignisse auf dem westlichen Schauplatz des Siebenjährigen Krieges aus ihrem provinziellen Zusammenhang zu lösen und in den übergreifenden historischen Kontext von Kriegserfahrung im 18. Jahrhundert zu stellen.

# Tagungsprogramm

1. Tag der Ostwestfälischen Geschichte der
Historischen Gesellschaft Willebadessen
am 15. Oktober 2022 Hotel „Am Schlosspark"

Der Siebenjährige Krieg (1756-1763) in Europa
und im Hochstift Paderborn

PROGRAMM:

10.00 BEGRÜßUNG Andrea Thalmaier
(Vorsitzende Historische Gesellschaft Willebadessen)

Teil 1 VORTRAG

Der 7-jährige Krieg in Europa
Prof. Dr. Marian Füssel (Universität Göttingen)

anschließend Diskussion

12.30 Mittagpause

13.15 FÜHRUNG durch die ehemalige
Klosterkirche „St. Vitus" Willebadessen
Dr. Gerlinde Gräfin von Westphalen

Teil 2 EINFÜHRUNG

14.00  Das Hochstift Paderborn in der Zeit des Siebenjährigen Krieges
Prof. Dr. Raban Graf von Westphalen


14.30  VORTRAG

Der Siebenjährige Krieg im Hochstift Paderborn
Prof. Dr. Marian Füssel

anschließend Diskussion


16.30 Ende der Tagung

# Tagungsbericht

*von Thomas Thalmaier*

Den Verflechtungen des Hochstifts Paderborn und deren gesellschaftliche Auswirkungen, ausgelöst durch die militärischen Auseinandersetzungen während des Siebenjährigen Krieges 1756-1763 wird, zumindest auf lokaler Ebene des Hochstifts Paderborn, bislang wenig Aufmerksamkeit geschenkt. Dass aber das Paderborner Umland hierbei eine tragende und im weiteren Verlauf des Krieges eine durchaus beispielhafte Rolle spielte, galt es herauszustellen. Aus diesem Grund widmete sich die Tagung des ersten Ostwestfälischen Geschichtstages am 15. Oktober 2022 in Willebadessen eingehend der Thematik des lokalen Raums zur Zeit des Siebenjährigen Krieges. Strukturen, Geschehnisse und auch Verwerfungen der damaligen Zeiten sollten beleuchtet werden. Hier einen ersten Ausblick zu bieten und womöglich den Rahmen neu abzuschreiten war das Ziel der Veranstaltung.

Zu Beginn der Tagung konnte Andrea THALMAIER im Namen des ausrichtenden historischen Vereins die zahlreich erschienenen Gäste begrüßen und mit kurzen Worten den Blick auf die anstehenden Vorträge lenken.

Einen ersten allgemeinen Überblick über die historischen Zusammenhänge schilderte Prof. Dr. Marian FÜSSEL (Göttingen) mit seinen Ausführungen zum *Siebenjährigen Krieg in Europa und in der Welt*. Zunächst aus der bekannten Perspektive auf europäische Kriegsschauplätze, verwies er immer wieder auf die globalen Verflechtungen der militärischen

Auseinandersetzungen hin, die sich zusätzlich auf dem nordamerikanischen und indischen Kriegsschauplatz und ebenfalls den Weltmeeren abspielten. Die Ausweitung der Perspektive und die Verwobenheit der Akteure erstaunten manchen Zuhörer, so dass sich in der anschließenden Diskussion mit den Gästen anhand der Nachfragen die Verwunderung darüber erkennen ließ, in welchen ungeahnten Bahnen sich der Konflikt des Krieges abspielte – und wie sich Logistik, Struktur und Selbstverständnis der Konfliktparteien charakterisierten.

Nach der Mittagspause trafen sich die Tagungsteilnehmer zu einer durch Dr. Gerlinde Gräfin von WESTPHALEN (Paderborn) geleiteten Führung durch die ehemalige Willebadessener Klosterkirche, die durch die historischen Räume des Areals führte und einen nicht alltäglichen Einblick in die Architektur des Sakralraums gewährte.

Zum Auftakt des Nachmittags referierte Prof. Dr. Raban Graf von WESTPHALEN (Paderborn) zu *Geschichtlichen Anmerkungen zur Entwicklung der Verfassung des Hochstifts Paderborn bis zur Zeit des Siebenjährigen Krieges* und gab so einen chronologischen Einblick in die Verwaltungsordnungen des Hochstifts in den jeweiligen Jahrhunderten. Hier beleuchtete er die politische Stellung des Paderborner Landes wie auch dessen Entwicklung als Bischofssitz ab 799 durch die Jahrhunderte so, dass sich den Zuhörern ein Bild der politischen Gegebenheiten bis zuletzt um 1750 darstellte. Historische Begriffe galt es zu klären, um im Weiteren auf das soziale Gefüge Paderborns mit seinem „doppelpoligen Aufbau" eingehen zu können, die die Stadt zu Beginn des Siebenjährigen Kriegs charakterisierten.

Als zweiten Teil der Tagung führte Prof. Dr. Marian FÜSSEL (Göttingen) aus, wie sich der *Siebenjährige Krieg vor Ort* darstellte. Wie der Untertitel *Kriegserfahrungen im Hochstift Paderborn und benachbarten Territorien* andeutete, waren weniger militärhistorische Fragen Gegenstand der Ausführungen. Füssel legte das Augenmerk auf Beispiele der Korrespondenzen einzelner Bürger während der Einquartierungen durch britische Truppen. Hierbei zeigten sich der ebenso unbekannte wie authentische

Blickwinkel auf die schriftliche Kommunikation zwischen den Zeitzeugen – ein Fokus, der bislang zumeist unbeachtet geblieben ist. Ein weißer Fleck wie dieser im Bewusstsein der Überlieferung zum Hochstift ist symptomatisch für die Historiographie zu einer der ersten global ausgetragenen Krisen des 18. Jahrhunderts und bedarf einer eigenständigen Betrachtung und Aufarbeitung.

# Quellenauszüge

Albert Stoffers

## *Das Hochstift Paderborn zur Zeit des Siebenjährigen Krieges*

Inaugural-Dissertation. Universität Münster. Münster 1910

I. Teil

**Erstes Kapitel**

Das Hochstift Paderborn bei Beginn des Siebenjährigen Krieges

## I. Die geographischen Verhältnisse, Heeresstraßen und befestigten Plätze

(...)

Die Bevölkerung des Hochstifts belief sich damals rund etwa auf 98 000 Seelen. Sie verteilte sich auf vier Hauptstädte und neunzehn andere Städte, zwei Flecken und 136 Dörfer ohne die einzelnen Höfe.[138] Die vier Hauptstädte waren Paderborn (1200 Häuser), Warburg (500), Brakel (500) und Borgentreich. Als Landstädte galten: Beverungen (220), Borgholz (200), Bredenborn, Büren (300), Kalenberg, Driburg (160), Dringenberg (190),

Gehrden, Kleinenberg (108), Lichtenau (200), Lippspringe (133), Lüdge, Nieheim (150), Peckelsheim (210), Salzkotten (300), Steinheim, Börden, Willebadessen und Wünnenberg (150).[139] Erwähnt seien endlich auch noch der Flecken Neuhaus, und die Ämter Delbrück (150), Boke, Holtgreven-Amt, Schultzen-Amt und Richtersamt.[140] Durch die Angabe der Häuserzahl gewinnen wir ein ziemlich deutliches Bild von der Größe der Orte zur Zeit des siebenjährigen Krieges; und andererseits ergeben sie uns zum Teil recht bedeutende Unterschiede, wenn wir die heutigen Verhältnisse heranziehen. Die Städte waren für das Hochstift aber nur von untergeordneter Bedeutung. Die Bevölkerung gehörte zum weitaus größten Teil dem Bauernstande an, so daß wir sagen können, daß die wirtschaftlichen Verhältnisse des Hochstifts mit der wirtschaftlichen Lage der Bauern identisch waren. Letztere aber war trotz des ziemlich guten Bodens und trotz des reichen Viehbestandes [141] keineswegs glänzend zu nennen. Die ungeheuere Steuerlast, die dem Bauer durchschnittlich nur ein Drittel des Reinertrages seines Hofes für sich ließ, [142], der Judenwucher, [143] die großen Domänenpachtungen, [144] der Luxus und die Kleiderpracht, besonders die Unsitte der kostbaren Trauerkleidung, das Verhältnis des Bauern zu seinem Herrn, das alles waren Momente, die den Bauernstand wirtschaftlich drücken mußten; und so befand er sich denn in einem ziemlich kläglichen Zustande, der bei Beginn des Krieges durch eine schlechte Ernte noch verschlimmert wurde. [145]

Der Handel im Hochstift, der wohl nur in der Ausfuhr von Getreide, Holz, Wolle, Glas usw. bestand, [146] hatte so geringe Bedeutung, daß schon ein Kriegsjahr genügte, um ihn vollständig still zu legen. Er lag in der Stadt Paderborn hauptsächlich in der Hand des „Krameramts", das zur Zeit des Krieges etwa 30 Mitglieder umfaßte. (Kaufleute). Sie wohnten zum größten Teil auf der Hauptstraße von Giersthor, auf dem Markt, der Kamp- und Westernstraße. [147] Wohl hatte das Paderborner Hochstift auch einige industrielle Anlagen [148], aber von Wichtigkeit war nur die Salzgewinnung in Salzkotten, die auch weithin bekannt war. Wie auch diese der Erschöpfung nahe war, wird der Verlauf des Krieges zeigen.

„Durch seine Lage, wie auch infolge der alten Beziehungen zur Diözese Würzburg und zur Metropole Mainz war das Paderborner Stift den Vorgängen in Mitteldeutschland näher gestellt, als eins der anderen westfälischen Ländern." [149]

In dem siebenjährigen Kriege aber wurde dem Lande sein Lage doppelt verhängnisvoll, da es mitten zwischen zwei Bollwerken, den Festungen Kassel und Lippstadt lag, zwei festen Waffenplätzen, die sich Freund und Feind zu nutze zu machen versuchten. So wurde es mehr als jedes andere Gebiet in Westdeutschland ein Tummelplatz der beiden kriegführenden Mächte, zumal da es von einer stattlichen Anzahl von Heeresstraßen durchzogen wurde, die, von großer strategischer Bedeutung, den Truppen den Weg ins Land ebneten. [150] Den Franzosen waren in erster Linie die guten Verbindungen zum Rhein hin wertvoll, von denen besonders in Betracht kamen: 1) der alte Hellweg über Unna, Werl, Soest, Erwitte, Geseke, Paderborn; 2) der etwas südlicher gelegene Haarweg über Unna, Anröchte, Berge, Geseke nach Paderborn; 3) eine Verbindung von Neuß und später von Düsseldorf her über Essen bis Werl, wo die Straße umbog auf Neheim, Arnsberg bis Nuttlar. Von hier aus ging bei Brilon eine Verbindung ab über Marsberg nach Paderborn und eine andere über Volkmarsen nach Kassel.

(...)

Auch die befestigten Plätze im Lande bedurften der Ausbesserung. Eine modern befestigte Stadt war allerdings im Hochstift überhaupt nicht vorhanden. Am 6. März 1656 war im Paderborner Landtage die Frage aufgeworfen worden, ob Paderborn und Neuhaus zu formalen Festungen ausgebaut werden sollten. Es wurde auch von Hauptmann Scharen ein Plan ausgearbeitet, und dieser nebst einer nötigen Erklärung vom Obersten Claris dem Landesherrn eingesandt. [151] Der Plan scheiterte jedoch, und man begnügte sich damit, die notwendigsten Reparaturen vorzunehmen. [152]. So wurden auch in den Jahren vor Beginn des siebenjährigen Krieges Jahr für Jahr manche Summen für die Befestigungswerke ausgeworfen, und zwar sowohl von der Stadt Paderborn, wie von der Landschaft.[153] Aber alle diese Mittel schienen noch nicht genügt zu haben, denn wir hören immer und immer wieder Klagen über den schlechten Befestigungszustand. Ähnlich wie in Paderborn, sah es in den anderen Orten des Hochstiftes aus. (...)

## II. Der Landesherr und seine Beziehungen zu den kriegführenden Parteien

Klemens August, Bischof von Paderborn, gleichzeitig Erzbischof von Köln, Bischof von Hildesheim, Münster und Osnabrück war ein Sohn des bayrischen Kurfürsten Emanuel, geboren am 17. August 1700, gestorben 1761. Am 21. März 1719 wurde er einstimmig zum Bischof von Paderborn gewählt. Seinen Einzug hielt er aber erst am 23. April 1720, wo er nach Beschwörung und Unterzeichnung der Wahlkapitulation die Huldigung entgegennahm. [154] Die Priesterweihe empfing er am 4. März 1725 (Bessen, 9. April 1724) in der Hofkapelle eines bayrischen Schlosses, und am 9. Nov. 1727 wurde er in Italien von Papst Benedikt XIII. zu Viterbo zum Erzbischof geweiht. [155] Seine Tätigkeit war äußerst vielseitig, und sein Schaffen galt nicht im geringen Maße dem Hochstift Paderborn. Er suchte die Gerichtsbarkeit zu heben, sorgte für Besserung der Straßen, erneuerte das bischöfliche Schloß zu Neuhaus, versah es mit einem geschmackvollen Lustgarten, in dem besonders die prachtvollen Wasserwerke weithin berühmt waren, einem kleinen Palais und einem neuen Marstall. Auch genehmigte er die Errichtung eines Waisenhauses in Busdorf, Marienhaus genannt. Er erwirkte einen Ablaß für das Liborifest und gründete die Liborische Bruderschaft. Auf ihn geht auch die Grundsteinlegung der Jesuitenkirche zu Büren zurück, die noch heute wegen ihrer Schönheit die Bewunderung aller erregt. [156]

Clemens August zählte als Inhaber so zahlreicher, geistlicher Stifter zu den bedeutendsten Fürsten des nordwestlichen Deutschlands und suchte dieser Stellung vor allem durch ein glänzendes Auftreten gerecht zu werden.

Er war von imponierender Gestalt, ein echter Grand Seigneur des 18. Jahrhunderts, ein eifriger Liebhaber der Jagd und prunkenden Feste, die seine Zeit mehr in Anspruch nahmen als seine kirchlichen Pflichten aber - - nach dem Urteil von Ennen - - nicht besser und schlechter als die meisten Bischöfe seiner Zeit und persönlich nicht ohne einige sympathische Züge.

Als Politiker war er hingegen durchaus unzuverlässig, indem er fast ausnahmslos dem Opportunitätsprinzip huldigte. Der Bonner Hof wurde unter ihm der Schauplatz unausgesetzter Parteiungen und Intrigen. Während des österreichischen Erbfolgekrieges stellte er sich eine Zeit lang auf die Seite Englands und nahm Partei gegen seinen bayrischen kaiserlichen Bruder Karl VII. Später trat er auf die Seite Frankreichs, und beim Ausbruch des siebenjährigen Krieges bewarben sich wieder beide Parteien um seine Gunst. [157]

(...)

## Zweites Kapitel

### Das Hochstift als Kriegsschauplatz

## 1757

(Ü b e r b l i c k: Die alliierte Armee, bestehend aus Hannoveranern, Braunschweigern, Hessen und Bückeburgern rückte Anfang Mai über die Weser und setzte sich bei Bielefeld und Brackwede fest. Das Kommando hatte anfangs für kurze Zeit Zastrow, bis es am 17. April der Herzog von Cumberland übernahm. Abgesehen von einigen kleinen Streifzügen beider Parteien, rückte am 18. Mai 1757 eine größere hannoversche Armee unter General von Zastrow vom Hauptlager der Alliierten bei Brackwede ins Paderbornsche ein, besetzte die Hauptstadt und verließ das Stift wieder am 3. Juni beim Anrücken der Franzosen unter Soubise. Diese drangen von Süden und Westen gegen Westfalen und Hessen vor unter Führung von d´Estrees und Soubise, durchzogen das Paderborner Land und überschritten Mitte Juli die Weser, über die sich der Herzog von Cumberland zurückgezogen hatte. Bei Hastenbeck in der Nähe von Hameln trafen die Heere zusammen. Die Hannoveraner wurden geschlagen. Nach der Schlacht erhielt Soubise Befehl, zur Unterstützung der Reichsarmee abzurücken, während Cumberland aufs heftigste vom Herzog von Richelieu, dem Nachfolger von  d´Estrees bedrängt wurde und endlich am 8. September die Konvention vom Kloster Zeven unterzeichnen mußte. Im Oktober bezogen dann die Franzosen die Winterquartiere am Hellweg in Westfalen, wobei sie wieder Paderborner Gebiet berührten.)

(...)

Im Mai führte der Herzog von Cumberland das hannoversche Heer über die Weser und sammelte die gesamte Armee auf den Anhöhen von Brackwede. Schon von Bielefeld aus hatte er einige Regimenter zur Besetzung von Stadt und Schloß Rietberg ausgesandt, die bei dem Dorfe Harsewinkel ein Scharmützel mit französischen Truppen hatten. [158]

Am 1. Mai wurde im Hochstift zu Falkenhagen, Schmalenberg, Bredenborn und anderen Orten fouragiert. [159]

(...)

Sobald die Alliirten in Erfahrung gebracht hatten, daß der Feind in Lippstadt nicht so stark war, wie man vermutete, [160] wurde am 20. Mai mit dem Vormarsch auf Paderborn begonnen. Major von Hardenberg und der hessische Generalmajor Prinz von Anhalt waren vorher aufgebrochen in zwei Abteilungen. Jede Abteilung hatte eine Stärke von 1200 Mann nebst einer Haubitze und zwei Kanonen. Ihr Ziel war Paderborn; die Stadt sollte genommen, Klöster und Magazine auf Lebensmittel untersucht werden. Paderborn, pochend auf seine Neutralität, verweigerte anfangs das Einrücken der Truppen. [161] Am 20. Mai, als gerade die Prozession mit den Reliquien des hl. Liborius um die Stadt ging, kam Hardenberg mit mehreren Offizieren hereingeritten und verlangte eine Kapitulation, welche dann auch von der Paderborner Regierung „in des Kaufhändlers Rehermann´s

Hause in der Kisau" also abgeschlossen wurde, daß sämtliche Landestruppen bis auf 100 Mann hinausrücken mußten, während 900 Mann vom feindlichen Heere einzogen. Obwohl sich damals in der Hauptstadt 819 waffenfähige Leute befanden, die für die Reichsarmee bestimmt waren, so wurde doch von Seiten der Paderborner nicht der geringste Versuch des Widerstandes gemacht, sondern ohne einen Schuß zu wechseln, gab man dem Feinde die Stadt preis. Und als gegen elf Uhr die Prozession wieder ins Gierstor (Bessen: Neuhäuser-Tor II. S. 305) einzog, marschierten die fremden Truppen durchs Heiers- und Neuhäuser-Tor auch in die Stadt. [162] Die Reliquien wurden nun eiligst wieder beigesetzt, und ein jeder flüchtete sich voller Schrecken aus der Kirche. [163] Die Hauptwachen und Tore wurden von den Hannoveranern in Besitz genommen, [164] dem Adel und der Geistlichkeit Steuerfreiheit zugesichert. Die Mannschaften bezogen ein Lager zwischen Neuhaus und der Alme, gegenüber der römischen Kapelle, im Ballhörner Felde bis auf Elsenholz zu, wo sie bis zum 2./3. Juni blieben. [165] An der Spitze der Truppen stand General von Zastrow, der sein Hauptquartier in Neuhaus aufschlug, während Hardenberg in Paderborn befehligte. [166] Der Prinz von Anhalt befand sich im Lager zu Neuhaus. Flecken und Schloß Neuhaus erhielten eine Besatzung von 80 Mann, alle Übergänge der Lippe und Alme wurden bewacht, wie auch vor dem Lager bei Neuhaus täglich Feldwachen zu 1 Kapitän, 3 Offizieren und 100 Pferden aufgestellt waren.

(...)

Am 3. Juni rückte die von Soubise abgesandte Abteilung unter Chabos in Paderborn ein. Sie kam von Wewelsburg; ihre Stärke betrug 1600 Mann Infanterie und 500 Mann Kavallerie, die sich teils in Paderborn, teils in Neuhaus niederließen. Gleich am folgenden Morgen wurden alle Tore besetzt und geschlossen. Furchtbar wurde in diesen Tagen gehaust. Zum Glück verließ man schon am folgenden Tage Paderborn; nur die Truppen zu Neuhaus, die auch das Schloß besetzt hielten, [167] brachen erst am 10. Juni auf und ließen nur ein kleines Kommando zur Bedeckung ihrer

Bagage zurück. Da nun die französische Armee teils über Lippstadt und Bielefeld, und von dieser Seite auf Paderborn vorrückte, so waren alle Wagen mit Bagage und Fourage in steter Bewegung. In der Stadt wurden Feldbäckereien angelegt, und das ganze Hochstift mußte Korn herbeischaffen. [168] Kirchen, Dom und andere öffentlichen Gebäude wurden zu Militärzwecken herangezogen. Durchzüge folgten jetzt auf Durchzüge. (...)

## 1759

Bei der Nachricht vom feindlichen Anmarsche wurde der Erbprinz mit sämtlichen braunschweigischen Truppen sowie General Bock mit seinen Dragonern und Beltheim nach Anröchte gesandt. Ebenso marschierte Prinz Karl von Bevern nach Alten-Geseke mit drei Grenadierkompagnien. Als die Nachricht von dem Treffen bei Wünnenberg und Fürstenberg anlangte, brach Ferdinand mit der Armee von Anröchte nach Büren auf, wo er unter schrecklichen Regengüssen am 15. Juni ein zwischen Eickhoff und Erpernburg (bei Brenken) sich ausdehnendes Lager aufschlug. Broglie stand seit dem 16. Juni bei Lichtenau; er war über Warburg herangerückt. Die Lage der Alliierten war im ganzen eine vorteilhafte: vor sich hatten sie die Alme, hinter sich Waldungen, Vorposten standen in Brenken und Büren. Die Armee dehnte sich von Rüthen und Oberntudorf aus. An dem Wege nach Haaren, jenseits der Alme stand ein Grenadierbataillon zur Deckung des linken Flügels und zur Unterstützung einer Abteilung von 400 Jägern und 100 Husaren, die auf dem Plateau Vorposten bildeten; der rechte Flügel war gedeckt durch das Korps des Erbprinzen bei Rüthen. Am 15. Juni ging Gilsa mit 4 Bataillonen, 4 Eskadrons und sämtlichen bei Büren stehenden Husaen auf Wünnenberg zu, um zu rekognoszieren. [169] Er hatte ein kleines Gefecht bei Wünnenberg mit den Vorposten, die der Feind daraufhin am folgenden Tage erheblich verstärkte. Ein Grenadier-Bataillon der Alliierten auf dem Schlosse Wewelsburg hatte die Gegend zwischen Lichtenau und Paderborn zu beobachten. Contades hatte das Sintfeld inne, und seine Truppen dehnten sich von Meerhoff, wo das

Hauptquartier war, bis Fürstenberg aus. Am 15. Juni ließen sich sogar in Paderborn 40 französische Husaren sehen, die aber bald nach Schwaney abzogen.

So lagerten sich bei Büren um diese Zeit zwei starke Heere. „Seit den Zeiten des Varus hatte die dortige Gegend wohl nicht mehr eine solche Schar Soldateska gesehen." 50 000 Verbündete und 100 000 Franzosen zählte man.[170]

## 1760

(...)

Bald darauf fiel der entscheidende Schlag dieses Sommerfeldzuges bei Warburg,[171] wo die Franzosen am 31. Juli von Ferdinand unter beträchtlichen Verlusten (6000 Tote und Verwundete, 12 Geschütze, 10 Fahnen und Standarten) zurückgeschlagen wurden. Da die Stadt Warburg den Alliierten die Tore verriegelte, wurden sie mit Erlaubnis Ferdinands 3 Stunden lang geplündert.[172] Ferdinand, der am 1. August sein Hauptquartier in der Stadt aufschlug, ließ den Einwohnern zur Entschädigung für die Plünderung 1700 Rth. verabreichen; der Schaden wurde aber wenigstens auf 50 000 Rth. geschätzt.[173]

(...)

Nachdem Broglie endlich eingesehen hatte, daß alle Unternehmungen gegen Ferdinand in der Diemelgegend wenig Erfolg haben würden, brach er am 22. August sein Lager bei Listingen ab und zog sich nach Hessen zurück.[174] Da Ferdinand an eine etwaige Umgehung im Osten durch Borglie dachte, verlegte er am 24. August sein Lager näher an die östliche Grenze des Hochstifts und schlug es wieder bei Bühne auf.[175] Eine kleine Abteilung blieb auf dem Sintfelde, der Erbprinz zog sich bald auf Warburg zurück. Das englische Hauptquartier war zu Körbecke, das hannoversche zu Borchentreich, das hessische bei Muddenhagen und das der Reserve bei Borgholz.[176] Wohl unternahmen die alliierten Truppen auch in der Folgezeit einige Vorstöße ins Hessische,[177] aber zu entscheidenden

Unternehmungen kam es nicht mehr; die Verbündeten behaupteten bis in den Dezember hinein ihre Stellungen in und bei Warburg, wo auch zwei große Feldbäckereien angelegt wurden. [178]

## 1761

(...)

Die Glocken im Lande, die in den letzten Jahren so oft Sturm geläutet hatten, ließen jetzt sechs Wochen lang ein Trauergeläut um den toten Landesherrn erschallen. [179] Wohl jeder Untertan im Hochstift konnte es ebensogut auf seine eigene traurige Lage beziehen, in die er durch den Krieg geraten war. Irgend eine Änderung in den allgemeinen Verhältnissen des Landes führte der Tod Klemens Augusts nicht herbei, wie wir oben schon erwähnt haben und auf die Kriegsführung beider Parteien blieb er ohne jeden Einfluß. [180]

(...)

Selten hatte man so viel Not gesehen, wie in diesen Quartieren. Von September 1760 bis zum April 1761 herrschte in der Warburger Börde und dem ganzen Distrikt diesseits des Waldes eine enorme Sterblichkeit. [181] Ganze Häuser starben aus. In den Dörfern sah man fast keine Menschen mehr; in Ossendorf blieben z. B. nur 8 Mannspersonen am Leben. [182] Aber das Unglück schien sich noch nicht erschöpft zu haben. Abergläubische Gemüter deuteten eine auffallende Himmelserscheinung, die sich am Abend des zweiten Pfingsttages (11. Mai) zeigte, als Vorboten neuen Unheils. [183] Weniger skrupulös zeigten sich die Engländer in Paderborn, indem sie sich viele große Exzesse zu Schulden kommen ließen. Auch im Hauptquartier des Herzogs ging es wieder hoch her. [184]
Militärisch benutzte Ferdinand die Ruhezeit, um seine Armee zu ergänzen und zu besichtigen, seine Festungen, so Münster und Lippstadt zu verstärken und auch zu Warburg Schanzen aufzuwerfen. [185]

Im Mai wurden die Operationen aufs neue eröffnet, und das Hochstift wurde wiederum der Magnet, der die beiden großen französischen Armeen anzog.

(...)

Während dieser Vorgänge im westlichen Teile des Hochstifts rüstete sich im östlichen die Armee Broglies zum Weserübergang. Seit dem 12. August hatte der Marschall ein Hauptquartier bei Willebadessen verlassen. [186] Von Driburg, Dringenberg, Brakel, Höxter, kurz von allen Seiten rückten die Truppen heran, [187] und marschierten mit der Avantgarde unter Clausen und Prinz Xaver gegen Steinheim. [188] Die Truppen stellte stellte Broglie nun folgendermaßen auf: Prinz Xaver zu Nieheim, Claußen hinter Steinheim, die Truppen von Guerchy, Laval und Poyanne südlich von Steinheim, Muy bei Dringenberg. [189] Zu Beverungen standen am 18. August 7000 Franzosen. Nach einem kleinen abgeschlagenen Angriffe der Franzosen auf Horn entschloß sich Broglie zum Übergange über die Weser und stellte sein Heer mit dem rechten Flügel gegen Schmalenberg, mit dem linken in der Richtung auf Nieheim auf. Prinz Xaver rückte mit der Avantgarde am 17. Oktober gegen Höxter vor und überschritt noch am selben Tage die Weser. [190]

Luckner – da beim Anmarsch der Hauptarmee der Alliierten Hameln gedeckt war, hatte er diesen Ort verlassen [191] - konnte nur eine Zeitlang den Marsch hindern. Am 20. überschritt die ganze Armee Broglies den Fluß, und Höxter war wieder von Franzosen frei. Der Schrecken der Stadtbewohner war kein kleiner gewesen, zumal da die Alliierten von den umliegenden Bergen ein Kanonenfeuer eröffnet hatten. [192]

Ferdinand setzte dem Feinde, nachdem er ihm zunächst einige Detachements nachgesandt, bald mit der ganzen Armee nach [193] und langte schon am 19. über Börden im Korveyschen an; sein Hauptquartier war zu Fürstenau. [194] Ferdinand konnte nicht viel ausrichten. Die Besatzung von Höxter mußte abziehen, und die Stadt wurde mit einem Stabsoffizier uns 400 Mann belegt. [195]

(...)

Im Westen des Hochstifts ging es in dieser Zeit ziemlich ruhig her. Wohl streiften französische Truppen umher, raubten und plünderten, [196] aber von eigentlicher Bedeutung war doch wohl nur das Heer des Erbprinzen. Es hatte am 12. September seinen Rückmarsch von der Lippe angetreten und erreichte über Erwitte, Haaren, Büren, Meerhof schon am 16. September die Diemelgegend bei Warburg. [197]

Nach dessen Ankunft zog nun am 18. September die alliierte Armee, die zu Bühne, Manrode, Muggenhagen, Borgentreich gestanden, und der Erbprinz über die Diemel, [198] 57 Bataillone und 72 Schwadronen stark, nachdem zuvor alle Maßregeln zu einem etwaigen Übergange über die Weser getroffen waren.

(...)

**1762**

(...)

Gleich dem Jahre 1761 läßt sich auch dieses Jahr unter der Rubrik „Hungerjahr" einreihen, mochte auch der Winter im großen und ganzen wohl etwas ruhiger verlaufen. Beide Parteien verstärkten in dieser Zeit ihre Armeen und festen Plätze. Nicht weniger wurden diese Schanz- und Festungsarbeiten in Driburg und Lippstadt durch den außerordentlich tiefen Schnee behindert, der bis Mitte April anhielt. [199]

(...)

Die Winterruhe schien ihrem baldigen Ende entgegenzugehen; schon am 20. Mai hatte Ferndinand von Braunschweig sein Hauptquartier von Hameln nach Pyrmont verlegt. [200] Auch der lebhafte Patrouillen- und Vorpostendienst ließ auf einen baldigen Beginn der Operationen schließen. Anfang Juni erfolgte dann auch der allgemeine Aufbruch. Von Reelsen, Alhausen usw. brachen die Truppen bereits am 1. auf; am folgenden Tage folgen c. 2000 Jäger und Kavallerie. [201] Alle Truppenzüge nahmen die

Richtung nach Süden. Brakel schien als vorläufiger Versammlungsort in Aussicht genommen zu sein, denn am 6. Juni standen dort schon c. 10 000 Mann. [202] Alle Truppen des Kielmanseggeschen Kordons waren dorthin abgerückt. Sobald die Reservetruppen hier angekommen waren, bildeten die Alliierten aus den beiden alten einen neuen Kordon mit dem Lager zu Brakel unter dem Oberfehlshaber Gramby, zu Sande und zu Driburg unter General Freitag. [203] Die Truppen, die zu Rheda gestanden hatten, sammelten sich unter Rheez im Lager zu Neuhaus und Sande auf der Heide, um die Gegend von Büren und Stadtberge zu beobachten. [204]

Am 18. Juni finden wir den größten Teil der alliierten Armee bei Brakel versammelt.

(...)


Endlich am 9. November kam die erfreuliche Nachricht in Paderborn an, daß die Friedens-Präliminarien am 3. November zu Fontainebleau zwischen Frankreich und Englad unterzeichnet wären; am 15. November wurde dann Waffenstillstand zwischen den beiden Heeren geschlossen. Der Krieg hatte sein Ende erreicht! Beide Armeen zogen in die Winterquartiere ab. Ferdinand von Braunschweig brach am 19. November von Kirchheim über Hardehausen, Dalheim nach Neuhaus auf, [205] wo er am 23. auf dem Schlosse sein Hauptquartier bezog; seine Suite aber wurde teils nach Neuhaus, teils nach Paderborn gelegt. Da sie aber sehr ansehnlich war, wurde die Hauptstadt außerdem nur noch mit 4 Kompagnien von der hannoverschen Garde besetzt, die am 29. November dort einrückten. [206]

Überall zogen die Truppen jetzt teils durchs Paderborner Land, teils in dasselbe, um Winterquartiere zu nehmen. In Salzkotten wurden am 20. November für die hannoversche Garde und die Grenadiere Quartiere angesagt, die sich auf Salzkotten, Verne, Thüle und Scharmede verteilen sollten. Der größte Teil des Kielmanseggeschen Regiments zog über Gehrden, Blomberg ins Lippesche. [207]

(...)

## 1763

(...)

Nach langem Harren kam dann endlich am 25. Februar der sehnlichst erwartete Friede zu Hubertusburg zu stande. Mitte März verließ die hannoversche Besatzung Paderborn, und das Hochstift war frei von Feinden. Der Jubel war allgemein, und am zweiten Ostertage (4. April) wurde ein großes Dankfest in Paderborn abgehalten, wozu auch der Bischof von Hildesheim erschienen war. Nur noch einmal sollten bewaffnete Scharen in die Stadt einziehen, und zwar am 3. Mai. [208] Aber es waren keine Feinde, sondern das Paderborner Kontingent, das von der Reichsarmee in die Heimat zurückkehrte.

Es herrschte jetzt Friede; aber die schweren Wunden, die der Krieg dem Lande geschlagen hatte, sorgten schon dafür, daß der Freudenjubel nicht zu groß wurde. Denn wie sah es im Hochstift aus! Die Schatzkammern waren geleert, die Ländereien verwüstet; man sah zerfallene Wohnungen ohne Einwohner; Städte waren in Schutthaufen verwandelt, Dörfer verbrannt; Krankheiten wüteten zwischen den übriggebliebenen Menschen und Tieren. Und wie das Paderborner Land in wirtschaftlicher Beziehung aufs schwerste zu leiden hatte und zur vollen Bedeutungslosigkeit herabsank, wie es mit dem Wohlstande auch beinahe seine bisherige politische Bedeutung einbüßte, wie seine Truppen in fernen Landen das jammervolle Schicksal der Reichsarmee miterleben sollten, davon in den kommenden Kapiteln.

## II. Teil

## Drittes Kapitel

Die wirtschaftliche Lage des Hochstifts während des Krieges

## I. Die wirtschaftlichen und finanziellen Schäden im Stift in allen Erwerbszweigen

Wenn schon, wie unsere Betrachtung im ersten Kapitel gezeigt hat, die Lage des Paderborner Hochstifts vor dem Kriege in wirtschaftlicher Beziehung keineswegs die günstigste war, [209] so sollte der Krieg tatsächlich einen wirtschaftlichen Ruin herbeiführen. Einquartierungen, Fouragelieferungen, Stellung von Arbeitern, Unterhaltung der Hospitäler und des Kontingents, Kontributionen, das sind die Faktoren, die gemeinsam an der Zerstörung der Lebenskraft des Paderborner Hochstifts gearbeitet haben. Wie sehr das Land bei den Durchzügen und Einquartierungen belastet wurde, haben wir zur Genüge gesehen. Frei von Militär war es fast nie. Selten, fast nur bei sehr großen Heeren wurden Lager aufgeschlagen, während sonst die Soldaten gewöhnlich in die Quartiere gelegt wurden. Bei den vielen Einquartierungen konnte es natürlich an vielen Unordnungen und Erpressungen nicht fehlen. Alle häuslichen Arbeiten mußten ruhen, alle Haushaltungen waren in Verwirrung. [210] Zuweilen hatten viele Bürgerhäuser 15 Gäste. [211] Dem Übermut und der Zerstörungswut wurde meistens freier Lauf gelassen. Das zeigt uns z. B. das Schloß Neuhaus, das auch vor derartigem Unfug nicht sicher war. Besonders litten im Kriege die Gegend um Warburg längs der Diemel, das Sintfeld, wo sich große Heere gegenüber standen, und endlich Paderborn und Umgegend. Am schlimmsten war natürlich das Benehmen der durchziehenden Truppen, so besonders beim Rückzuge der Franzosen im Jahre 1758, wo die kurzen Quartiere zu Erpressungen mißbraucht wurden, und viele Menschen an ihrer Gesundheit Schaden litten. [212] Auch die Privilegierten wurden zu den

Kriegslasten herangezogen, mußten Kriegsfuhren und Fourageabgaben leisten und wurden von Einquartierungen nicht verschont. [213] Die Versicherung, daß dies nur aus Not geschehe und ihren Gerechtsamen keinen Eintrag tun sollte, wird ihnen nur ein geringer Trost gewesen sein. [214] Die Regierung bemühte sich, die Schwierigkeiten nach Möglichkeit zu erleichtern; [215] auch Herzog Ferdinand sprach den Einwohnern das Recht zu, die Soldaten bei Exzessen usw. zum Arrest zu führen. Aber das war natürlich leichter befohlen als ausgeführt, und die Untertanen sahen sich im allgemeinen den Exzessen der Soldateska ziemlich schutzlos preisgegeben. [216] Am verheerendsten wirkten auf das Land die Winterquartiere, da sie sich meist Monate hinzogen. Die Gemeinen der Alliierten erhielten beim Wirte freies Quartier und Betten, freien Mitgebrauch von Feuer und Licht und täglich 2 Pfund Roggenbrot. Jedoch fiel die Brotlieferung fort, wenn man mit den Soldaten am Tisch aß. Auch die Offiziere hatten freies Quartier und Stallung für Pferde. Für jedes Pferd mußten an Fourage täglich aus dem Quartierstande 8 Pfund Hafer, 10 Pfund Heu und 6 Pfund Stroh geliefert werden. Sonstige Verpflegung konnten die Offiziere nicht beanspruchen. [217] Für Fleisch und Bier erhielt jeder Soldaten täglich etwas Geld. Holz und Licht mußten den Offizieren in Natura geliefert werden. [218] Da man solches aber nicht allein zum Ofenheizen, wozu es bestimmt war, sondern auch zu „Gastereien" und zum Kochen verlangte, [219] so wurde auch dieses später genauer spezifiziert. Für ein Klaster Holz konnten bei Mangel an demselben auch zwei Fuder Torf eintreten. Für eine Gemeine Wache mußten wöchentlich ¼ Klaster Holz und alle 24 Stunden ½ Pfund Tran oder Öl geliefert werden, für eine Offizierswache ¼ Klaster Holz und 2 Talglichter alle 24 Stunden. [220] Natürlich haben wir in diesen Bestimmungen nur eine allgemeine Norm; daß Änderungen vorkamen, ist selbstverständlich. Waren auch nach den Bestimmungen die Einwohner nicht zur vollen Bewirtung verpflichtet, häufig wurde trotzdem volle Kost von ihnen verlangt. So mußte 1762 allen im Paderborner Hochstift einquartierten Truppen Fourage, Essen und Trinken umsonst gereicht werden. [221] Mochten die Anforderungen an und für sich noch so gering erscheinen, so erreichten sie für das ganze Stift im Verlaufe eines Winters neben den anderen Abgaben eine ganz gewaltige Höhe.

Wenn schon die Einquartierungen das Hochstift gewaltig schädigten, so geschah dies noch mehr durch die großen Anforderungen an Rationen und Portionen, die in solchen Mengen verlangt wurden, daß die Paderborner Regierung nicht wußte, woher sie diese nehmen sollte. Schon vor Beginn des Krieges hatte Herzog Ferdinand allen denjenigen, die in dem zu eröffnenden Feldzuge der alliierten Armee lebendiges Vieh, Getränke und andere Viktualien liefern würden, „allen Vorschub und Assistenz und ansehnliche Benefiziat" angeboten und zugesichert. Jeder, der sich freiwillig dazu erbot, erhielt einen geeigneten Platz zum Verkauf angewiesen und zur Sicherung eine Wache. Für die Viktualien-Depots in Höxter, Hameln und Lippstadt wurden Führer zur Verfügung gestellt; wer 100 Fässer roten Wein nach Höxter zum Verkauf bringen wollte, hatte freien Schiffstransport. [222] Alsdann wurden für lebendiges Vieh und Getränke gewisse Preise festgesetzt usw. So ließ der Gegner kein Mittel unversucht, um möglichst viel Getreide und Portionen zu erhalten. Aber auch die Paderborner Regierung ließ es an der nötigen Fürsorge nicht fehlen. Schon am 22. Juni 1757 wurden alle Bäcker angewiesen, sich an Roggen und Weizen Vorrat für 3 Monate zu verschaffen, während ihnen andernfalls der Backofen entzogen werden sollte; die Metzger sollten für drei Monate Vieh vorrätig haben; von den Bierbrauern wurde sogar Bier für 6 Monate ausreichend verlangt. Auch alle Kolonialwaren in den Läden sollten für 6 Monate ausreichen. So war aufs beste für alles gesorgt und die, welche ihre Waren auf dem Markte feilboten, erhielten noch freien Schutz zugesichert. [223] Aber alle diese Anstalten waren nur ein Kinderspiel im Verhältnis zu den Anforderungen der Armeen; daß natürlich jede Partei dem Stift Strafe androhte, falls es ihren Feinen Unterstützung gewährte, war wohl klar. [224] Es ist nun nicht möglich, alle einzelnen Lieferungen und Forderungen namentlich aufzuführen, deshalb greifen wir nur die Hauptanforderungen heraus.

Die rauhe Winterzeit des Jahres 1757 ließ kaum etwas nach, da näherten sich schon die verheerenden Kriegsscharen der Paderborner Gegend und verlangten beiderseits, daß ihnen die Naturalbedürfnisse gereicht werden möchten. Die kurhannoverschen Völker, die schon Anfang Mai erschienen, trieben 14 Tage lang so viel Getreide und Fourage ein, daß sich ungefähr die Summe mit den Holzlieferungen und verübten Feldschäden auf 57376 Rtlr. belief. [225] Man erbrach alle Kornböden, untersuchte sie und schaffte alles nach Bielefeld. [226] Um Übergriffe abzuwenden, wurden viele gezwungen, Lebensmittel und Getränke mit den Soldaten zu teilen. Die Ärmeren erlitten Quälereien für ihre Armut. Die Saaten wurden teils zusammengestampft, teils zum Futtern der Pferde verwendet. Das Kolleg in Paderborn wurde täglich von einer zudringlichen Schar belagert, die Bier und Brot verlangte. Frauen und Männer drangen ein und verlangten unter Geschrei: „Es würde ihnen für Geld verweigert, was den Franzosen, die bald ankommen würden, umsonst gegeben werden müßte". [227] Eine Stadt allein, z. B. Bredenborn, mußte 685 Paderborner Scheffel Roggen, 385 Pad. Scheffel Gerste und 530 Pad. Scheffel Hafer liefern. [228]

Bald darauf begannen die Lieferungen an die Franzosen. Da sie keine Fourage mehr vorrätig fanden, wurden Wiesen und fruchtbare Felder fouragiert. Den Schaden haben Beeidigte auf 790 076 Livres geschätzt. [229] Vom Lande mußten Brot, Korn, Heu, Stroh, Hafer, und andere Viktualien nach Paderborn geschafft werden. [230] General Intendant von Luce verlangte in einem Schreiben 10 000 Ctr. Heu, 3000 Sack Hafer, 60 bis 80 000 Bund Stroh und 4 bis 5000 Sack Weizenmehl oder bei dessen Abzug eine gleiche Zahl Roggen. Für die französischen Truppen nach Rietberg sollten 20000 Portionen Weißbrot geliefert werden. [231] In der Stadt Paderborn wurden große Backöfen angelegt. Da die Bausteine zur Errichtung nicht ausreichten, so erging der Befehl einer allgemeinen Spezifikation der alten Häuser, [232] um sich auf diese Weise die nötigen Baumaterialien zu verschaffen. Der Vorrat an Bauholz, den die Jesuiten zu Paderborn zum Umbau des Kollegs herbeigeschafft hatten, wurden von den Franzosen als willkommene Beute einfach weggenommen. Die Mauer ihres Gartens wurde niedergerissen, die Obstbäume abgehauen und 15 große Backöfen in demselben angelegt. Daher heißt die neben dem Garten des Kollegs hinlaufende Gasse noch heute „auf dem Backofen". Selbst Dielen und Balken wurden nicht geschont. Ebenso wurden an dem Neuhäuser-Tor 15 Backöfen angelegt. Das ist ein Beispiel, wie sie sich zu Dutzenden in den Kriegen wiederholen sollten. [233] Wo eben der Vorrat nicht ausreichte, da wurde Rat geschafft, es sei, wie es wolle. Nachdem schon 40 Fuder oder 1920 Scheffel an die Armee abgeliefert waren, wurden unvorhergesehen die militärische Exekution wieder die Prälaten und Kapitularen der Paderborner Domkirche und verschiedene Bürger bewirkt, und sämtlicher Hafer durch ein Kommando von 50 Mann nebst 7 kommandierten Offizieren mit Gewalt fortgenommen und durch ein hier beordertes Regiment Kavallerie bis in die späte Nacht entführt. [234] Der summarische Bericht über die an die Franzosen gelieferte Frucht ergab am 30. Oktober 1757 an Roggen 464 Scheffel, Gerste 1162 ½ , Hafer 14542 Scheffel, an Heu 15370 Ctr., Stroh 1465, an Brot 1956 Pfund, Fleisch 5704 ¾ Pfund, an Bier 202 Flaschen. [235] Alles auf den Feldern wurde abfouragiert; was etwa geblieben, wurde von den Pferden zertreten. [236] Trotz der vielen Schreiben vom 27. Jan., 30. Jan., 2. Mai wurde keine Bezahlung von den französischen Truppen erlangt. Die Einquartierungen dauerten den ganzen Sommer hindurch. [237]

Schon im April 1757 herrschte im Lande große Not. Eine Spezifikation ergab damals, daß in kleinen Ortschaften wie Husen nicht weniger als 50 Familien kein Auskommen hatten, in Atteln 60, in Henglarn 40, in Etteln sogar 80 Familien. [238] Selbst das Domkapitel mußte seine Speicher und Lagerräume öffnen, um dort das Mehl niederlegen zu können. [239] Aber schon bald, als diese nicht mehr reichten, wurden Stühle und Bänke aus den Kirchen herausgeworfen und der Dom und alle anderen Kirchen mit Mehl angefüllt. [240] Dann kamen die Winterquartiere, die bis März währten, und in denen das Hochstift genötigt war, den Truppen Fourage und Holz zu liefern. Als der Rückzug der Franzosen über den Rhein erfolgte, wurden die Untertanen so geschädigt, daß der Schaden sich wohl auf über 100 000 Rtlr. belaufen würde. [241] Ganz Paderborn war mit Magazingütern angefüllt. Sobald das Hauptquartier abzog, wurde so viel wie eben möglich noch verkauft, das andere zurückgelassen. Dann stürmten alle Bürger hin, um die Magazine zu plündern und auszuleeren. „Noch immer zogen Truppen durch, welche den Bürgern das Brot auf der Straße wieder verkauften, was sie aus den Magazinen soeben genommen hatten. Es war lächerlich anzusehen, wie Prokuratoren, Schreiber, Studenten und andere ehrbare Bürger mit Mehlsäcken beladen nach Hause eilten". So ging man mit dem so mühsam Zusammengebrachten um.

(...)

### Rückblick

Ein jammervolles Bild vom Hochstift Paderborn ist jetzt vor unseren Augen aufgerollt worden. Land und Truppen wurden vom Kriege aufs schrecklichste mitgenommen. Zwar suchte Wilhelm Anton *(gemeint Fürstbischof Wilhelm Anton von der Asseburg R.W.)* zu retten, was zu retten war. Seine weise Sorgfalt zeigte sich auf allen Gebieten. Er war ein Herrscher, wie das Hochstift ihn nach so traurigen Kriegszeiten nötig hatte, und die Lettern der Geschichte werden ihm den Ruhm stets zollen müssen, dem Hochstift nach Möglichkeit Rettung und Wiederbelebung gebracht zu haben. Denn was positive Leistungen für das Paderborner Hochstift anbetrifft, ist er sicherlich seinen Vorgängern ebenbürtig, ja überlegen und verdient fürwahr einen Teil von dem Lobe, womit Clemens August *(gemeint Fürstbischof Clemens August von Bayern R.W.)* so leicht in überschwenglicher Weise überhäuft wird. Trotz aller Bemühungen Wilhelm Antons gelang es ihm nicht, alle Wunden, die der lange Krieg dem Lande geschlagen hatte, zu heilen, die auch noch nicht so bald vernarben sollten.

Das Eine hatte der Krieg nur zu klar bewiesen, die Unfähigkeit des Hochstiftes, sich selbst zu erhalten, und so sollte diese Tatsache bestimmend mitwirken bei der Aufhebung des Stiftes im Jahre 1802. Die Säkularisation im Jahre 1761 beim Tode Clemens Augusts war noch einmal glücklich abgewendet worden, und erst einige Jahrzehnte nachher sollten diese Pläne ihre Verwirklichung finden.

# Verzeichnis der benutzten Quellen und Literatur

## 1. Quellen

Archiv des Vereins für Geschichte und Altertumskunde Westfalens. Abt. Paderborn:

Codices: Nr. 11, 28, 52, 74, 183, 187, 190, 192, 196, 201, 204, 214, 217, 239. Zit. P. A.C.

Dass.: Akten: Nr. 1, 6, 9, 10, 11, 20, 109, 184, 193. Zit. P. A.

Gymnasialbibliothek zu Paderborn: Manuskripte von Gleseker und Thoß von Gehrden. Zit. P. v. G.

Dies.: Annuea Collegii Paderbornensis. 1757 – 1763. Zit. P. G.

Kriegsarchiv des Großen Generalstabs zu Berlin. 1. Schriftbriefwechsel des Kurfürsten von Köln mit der Regierung von Paderborn über den Einfall der Hannoveraner, den Durchzug und Aufenthalt französischer Truppen, das Infanterieregiment Paderborns bei der Reichsarmee. 12. April – 28. Dez. 1757. (XXVIII, 18.). Zit. Generalstab I.

Pfarrarchiv zu Salzkotten: Geschichte der Stadt Salzkotten von Pfarrer Korte (Manuskript; daselbst über den siebenjährigen Krieg in der Stadt Salzkotten und Umgegend. Cfr. 124-251. Zit. Korte.

Kgl. Staatsarchiv zu Düsseldorf: Kurkölnische Kriegsacten. Faszikel 194-232. Zit. K. K. A.

Kgl. Staatsarchiv zu Münster: Paderborner Kapitel-Archiv, Abt. Militaria Kapt. 224, 225, 226, 227, 228. Zit. P. C. C.

Dass.: Lettern-Archiv des Paderborner Geh. Rats. Zit. L. A.

Dass.: Nachträge zu den Paderborner Domkapitel-Akten. Zit. D. N.

Dass.: Protokolle des Paderborner Domkapitels. Zit. D.P.

Dass.: Protokolle des Paderborner Geh. Rats. Zit. G. R. P.

Dass.: Protokolle des Paderborner Landtags. Zit. L. P.

Stadtarchiv Paderborn: Paderborner Magistratsprotokolle. Zit. M. P.

## 2. Literatur

Bessen: Geschichte des Bistums Paderborn. Paderborn 1820.

Ennen, L.: Clemens August von Köln. Allg. Deutsche Biographie Bd. 4, S. 302 ff.

Flensberg: Westfalen in Hinsicht seiner Lage und deren Folgen. Münster 1817.

Malbergs Tagebuch über den siebenjährigen Krieg im Hochstift in den „Blättern zur näheren Kunde Westfalens". X. Jgrg, 1872, Zit. M. T.

Mering, F. E. Frh. v.: Clemens August von Bayern: Biographischer Versuch. Köln 1831.

Renouard: Geschichte des Krieges in Hannover, Hessen und Westfalen von 1757 – 1763, 3 Bde., Kassel 1863/64.

Richter, W.: Der Übergang des Hochstifts Paderborn an Preußen. Zeitschr. für Gesch. u. Alterumskunde Westf. (zit. Westf. Z.G.) Bd. 62, S. 164.

Schaefer, A.: Die Geschichte des siebenjährigen Krieges. 3 Bde. Berlin 1867.

Schüngel: Warburg im siebenjährigen Krieg. Jhrber. d. Gemn. z. Warburg 1886-1887. Warburg 1887. (Manuskript v. Fischer, einem Zeitgenossen d. Krieges.)

Weddingen: Westfälisches Magazin, 1786 und 1788.

Westfälische Zeitung Bd. 62. Zit. Westf. Z.

Westfalen und Rheinland, eine ausschließlich diesen Ländern gewidmete Zeitschrift für unbefangene Leser aus allen Ständen. Herford. 2. u. 3. Jhrg. (Herausg. von E. Knefel). 1823.

Westphalen, Edler von, Ph. Ch. H.: Geschichte der Feldzüge des Herzogs Ferdinand von Braunschweig-Lüneburg. 6 Bde. Berlin 1859-1872.

Harald Kindl

## *Der Siebenjährige Krieg und das Hochstift Paderborn*

Ferdinand Herzog von Braunschweig auf dem
französisch-englischen Kriegsschauplatz im Westen

Heimatkundliche Schriftenreihe 5/1974
Volksbank Paderborn
Nachdruck mit freundlicher Genehmigung der Volksbank Paderborn

## Große Anfangserfolge der Franzosen

An dieser Stelle ist es erforderlich, ein paar Worte über die politische und militärische Stellung und Bedeutung des kleinen Fürstbistums Paderborn zu sagen. Seit 1719 war es durch die Wahl Klemens Augusts, Herzogs von Bayern, zum Fürstbischof mit dem Fürstbistum Münster, seit 1723 auch mit dem Kurfürstentum Köln in Personalunion vereinigt (später kamen noch die Fürstbistümer Hildesheim und Osnabrück dazu). Klemens August hat für Paderborn viel getan, er suchte die Gerichtsbarkeit zu heben, baute das Schloß Neuhaus, das Marianer-Waisenhaus, die Jesuitenkirche in Büren, sorgte für die Besserung der Straßen. Er hatte ein glänzendes Auftreten, galt als Liebhaber der schönen Künste (großzügiger Bauherr: Schlösser in Bonn, Poppelsdorf, Brühl, Röttgen, Clemenswerth, in Münster Clemenskirche und Clemenshospital) und der Jagd. Als Politiker war er unzuverlässig, er schloß sich dem an, der ihm die größten Vorteile zu bringen schien. Bei der polnischen Königswahl war er auf Seiten des Kaisers (seine Mutter war die Tochter des polnischen Königs Johann Sobiesky), im österreichischen Erbfolgekrieg auf Seite der Bayern gegen

Österreich, dann mit den Engländern gegen seinen bayerischen Bruder Karl VII.

Der Bonner Hof war unter ihm ein Schauplatz unausgesetzter Parteiungen und Intrigen. Beim Ausbruch des Siebenjährigen Krieges bewerben sich – wegen seiner unumstrittenen Machtstellung im nordwestdeutschen Raum infolge der Vereinigung so vieler Fürstbistümer unter seiner Hand – beide Parteien um ihn. Friedrich der Große wollte ihn sogar für die Westminsterkonvention gewinnen. Der Fürstbischof legte sich nicht fest, schützte zumindest nach außen bis zur Schlacht von Kolin Neutralität vor. Soviel Geld der Graf von Hohenzollern und der Finanzdirektor Falkenberg von englisch-preußischer Seite „in die Sache" hineinsteckten, es war vergeblich. Man sagt, der Kurfürst habe durch dieses Sich-Umwerben-Lassen insgesamt 14.000.0000 Franken von Frankreich, Österreich und England erhalten. Schließlich schwenkte er doch offen auf die französische Seite. Man hat ihm diese Politik oft angelastet, da der Siebenjährige Krieg besonders für die beiden Stifter Münster und Paderborn viel Unheil und schwere Lasten mit sich brachte. Aber auch wenn er sich auf die preußisch-englische Seite geschlagen hätte, er hätte auch damit nicht verhindert, daß seine Länder zum Kriegsschauplatz geworden wären. Ausschlaggebend für die Entscheidung Klemens Augusts war seine Haltung als katholischer Fürst, mit der er schlecht den protestantischen Mächten zum Siege verhelfen konnte.

(...)

Wenden wir uns nun den kriegerischen Ereignissen im Westen, unserem eigentlichen Thema, zu. Nachdem die „Königin von Ungarn" - wie Maria Theresia betont von den Gegnern der pragmatischen Sanktion genannt wurde – beim Kurfürsten von Köln um friedlichen Durchzug für die französischen Armeen durch seine Länder angesucht hatte, rückten diese unter dem Oberbefehl des späteren Marschalls d´Estrées über den Rhein und bemächtigten sich in den ersten Tagen des April der Städte Wesen und Cleve, der Graf von Gisors machte Köln zum zentralen Waffenplatz der französischen Armee. Die Franzosen besetzten sofort die preußischen Lande am Rhein, Kleve, Mark und die Grafschaft Bentheim und belegten die Festungen Wesel, Kleve, Duisburg, Hamm, Soest und Bentheim mit französischen Besatzungen. Am 25. April rückte eine französische Vorhut mit klingendem Spiel in Münster ein, im Mai lagerte sich Marschal d´Estrées mit dem Hauptheer von 60.000 Mann zwischen St. Mauritz und der Werse vor Münster. Das andere französische Heer unter Soubise war über den Kleinen Hellweg vorgedrungen und lagerte am 4. Mai zwischen Lippe und Ruhr.

Am 17. April war der Herzog von Cumberland, dritter Sohn Georgs II. von England, bei seiner kleinen Armee aus Hannoveranern, Hessen und Sachsen-Gothaern eingetroffen, am 23. April wird in Paderborn das Edikt des englischen Königs bekannt, wonach er sich genötigt sehe, beim Anmarsch der Franzosen ein Heer zu sammeln. Er wolle gegen keinen Staat vorgehen, hätte seinen Soldaten befohlen, strenge Manneszucht zu halten und wolle Proviant und Fourage bezahlen. Oberst Bock ist am 1. Mai mit 600 Mann im Kloster Marienmünster, in Schwalenberg, Bredenborn und Falkenhagen werden die ersten Fouragierungen vorgenommen. Noch bezahlt man dafür, oder es werden Scheine ausgegeben, die mit der Schatzung verrechnet werden können. Der Herzog von Cumberland bezieht mit seinem Heer auf den Anhöhen von Brackwede bei Bielefeld Stellung. Einige Regimenter besetzen Rietberg, hier werden harte Kontributionen auferlegt als Repressalien gegen den Fürsten von Kaunitz-Rietberg als Urheber der österreichisch-französischen Allianz gegen Preußen. Bei Harsewinkel kam es zu ersten kleinen Scharmützeln mit französischen Husaren, die sogar Oberst Bock aus Marienmünster vertrieben. Am 12. Mai marschierte General von Zastrow mit 12.000-16.000 Alliierten von Hameln kommend in das Hochstift Paderborn ein. Am 18. Mai bezog er zwischen Schlangen und Lippspringe ein Lager, am 20. Mai begann der Vormarsch auf Paderborn.

Major von Hardenberg und der hessische Generalmajor Prinz von Anhalt rückten mit je 1.200 Mann, einer Haubitze und zwei Kanonen vor die

Mauern der Stadt, wo gerade die Reliquien-Prozession durch das Neuhäuser Tor ihren feierlichen Umgang um die Stadt beginnen wollte. Ehe man sich versah, war General Hardenberg mit einigen Offizieren durch das offene Tor eingedrungen und forderte die Kapitulation der Stadt. Zunächst weigerten sich die Herrn von der Paderborner Regierung im Hause des Kaufmanns Rehermann in der Kisau, wo die Verhandlungen stattfanden, unter Berufung auf die Neutralität, auf die Forderungen einzugehen, mußten dann aber der Übermacht nachgeben. Um 11 Uhr, als die Prozession durch das Gierstor wieder einrücken wollte, marschierten Hannoveraner und Hessen durch beide offene Tore in die Stadt. Paderborn mußte eine Besatzung von 900 Mann aufnehmen, vom obenerwähnten Paderborner Bataillon durften 100 Mann in der Stadt bleiben, die anderen mußten auf das Land hinausrücken. Die Alliierten errichteten darauf ein großes Lager westlich Paderborns im Balhorner Felde, von der Salzkottener Brücke über die Alme bis nach Elsen, wobei einige hundert Morgen Feldfrüchte in den Boden getreten wurden. General Zastrow hatte im Schloß der Residenzstadt Neuhaus sein Hauptquartier errichtet. General Hardenberg hatte sein Kommando in Paderborn und begann mit den schärfsten Requirierungen. Alle Kornböden und Scheunen im ganzen Land wurden visitiert, teilweise mit Gewalt erbrochen. Korn, Heu und Stroh wurden nach Paderborn zusammengefahren und in das alliierte Magazin nach Bielefeld geschafft.

(...)

Der Comte d´Estrées versucht nun, die Weser etwas weiter im Süden bei Höxter zu überschreiten. Die ersten französischen Kampftruppen sind am 3. Juni in Paderborn, 1.600 Mann Infanterie und 500 Dragoner unter Chabois, die Tore werden besetzt und geschlossen und Stoffers [242]berichtet, daß die Truppen furchtbar gehaust hätten. Dann beginnt der Durchmarsch der großen französischen Armee zur Weser, am 18. Juni kommen die ersten beiden Regimenter Chantilli und Bergerer und einige Husareneskadronen, am 20. Juni hatte sich die Reserve unter Soubise mit der

Hauptarmee vereinigt, am 7. Juli ist der kommandierende General d´Estrées mit dem Herzog von Orléans und der übrigen Genrealität in Paderborn. 30.000 Mann ziehen nun über Driburg, Nieheim nach Höxter und über Brakel nach Beverungen zur Weser, die am 16. Juli überschritten wird. Weitere 25.000 unter dem Befehl des Herzogs von Orléans, die bei Driburg über Warburg nach Hessen abzweigen, folgen. Da sie keinen Widerstand finden, bemächtigen sie sich der gesamten Landgrafschaft und besetzen fast kampflos die Festung Kassel. Tag und Nacht zogen die Truppen durch Paderborn. Für die vielen Pferde wurde in der Paderborner Feldmark das gesamte Gras und das Sommergetreide „abfouragiert". Schlimmer war fast noch, daß Paderborn als französisches Hauptnachschubmagazin eingerichtet wurde. Im Garten des Jesuiten-Kollegs wurden die Bäume abgehauen, die Mauer eingerissen, 15 große Backöfen errichtet, das vorhandene Bauholz zerschnitten und ein großes Backhaus errichtet. Weitere Backöfen werden beim Kloster Abdinghof und nochmals 15 vor dem Neuhäuser Tor im Metternichschen Garten nebst einem 300 Schritt langen Backhaus angelegt. Vom Rhein werden 100.000 Sack Mehl herantransportiert, aus dem Dom und allen Kirchen wird das Gestühl ausgeräumt und bis unter das Dach mit Mehl vollgepfropft. Der Domkirchhof glich einem Ochsen- und Pferdemarkt. Auf der Benediktiner-Insel, vor dem Giers- und Springs (= Kasseler) Tor bildeten die vielen roten Leinenplanen der französischen Fuhrwagen gewissermaßen rote Ziegeldächer kleiner Vorstädte. Die Fuhrleute fouragierten für ihre Pferde alles ab, was ihnen unter die Sense kam. Das Gymnasium, die Domdechanei und das Zuchthaus wurden zu französischen Hospitälern umgewandelt.

# Jahre der Entscheidung für Herzog Ferdinand

(...)

Die Franzosen setzen nun gemeinsam eine Operation gegen Ferdinand an. Broglie soll von Kassel über Münden nach Paderborn vorstoßen, während Contades von Süden mit der Hauptarmee am 13. Juni von Korbach über den Frankfurter-Bremer Kaufmannsweg auf Marsberg in Richtung Paderborn vordringt. Die Vortruppen unter Marquis d´Auvet überschreiten die Diemel und bilden bei Essentho einen Brückenkopf. Sei es nun, daß das durch Spörcken schon vorgezeichnet war (Lager bei Büren) oder Broglie zu stark vom Osten gedrängt hat, die Alliierten wählen diesmal noch nicht die Diemel als Verteidigungslinie, sondern die Alme, was sich auch bemerkbar machen sollte. Ferdinand suchte auf alle Fälle, die französischen an Zahl weit überlegenen Heere (etwa 100.000 Mann) durch eine feste Stellung aufzuhalten. Die Franzosen wollen es auf eine Entscheidung ankommen lassen. Es vollzieht sich nun der Aufmarsch der beiden feindlichen Heere mitten in unserem Hochstift. Die Hauptarmee unter Contades tritt in sechs Kolonnen am 14. Juni den Marsch über die Diemel an und nimmt Aufstellung am Sintfeld, mit dem rechten Flügel bei Meerhof und dem linken Flügel bei Essentho. Bei Brilon marschieren französische Dragoner unter dem Herzog von Chevreuse und das Fischersche Korps auf, welchen die Aufgabe der Umflügelung vom Westen und der Zershlagung der Verbindung mit Lippstadt zugedacht war. Im Osten stand Broglie mit seiner Armee am 16. Juni bei Lichtenau. Der Aufmarsch der Hannoveraner vollzieht sich erst. Mit Jägern und Husaren, die rekognoszieren, besetzen sie Wünnenberg und Fürstenberg, bei Haaren kommt es zu einem kleinen Scharmützel mit französischen Patrouillen. Das Fischerscher Korps stößt von Brilon bis Wünnenberg vor und droht, den Hannoveranern den Rückzug abzuschneiden. Um 2 Uhr morgens erscheint jedoch der hessische General Gilsa mit 50 Dragonern, die er geschickt auseinanderzieht und mit Trommelschlag Stärke vortäuschend, kann er den Hannoveranern den Rückzug ermöglichen, die mit 20 Mann Verlust ins Lager zurückkehren. Der Erbprinz von Braunschweig, der sich aus dem Bergischen vor d´Armentiers hat wieder zurückziehen müssen, wird nun zur Deckung des rechten Flügels der Alliierten beordert. Mit sämtlichen braunschweigischen Truppen unter den Generalen Bock und Veltheim besetzt er Anröchte und Prinz Karl von Bevern Altengeseke. Ferdinand marschiert nun mit der Hauptarmee unter schrecklichen Regengüssen von Anröchte nach Büren. Contades hat sich inzwischen auf dem Sintfeld ausgedehnt, seine Truppen stehen von Meerhof bis Fürstenberg. Die Alliierten stehen an sich nicht unvorteilhaft, das Zentrum hat seine Stellung bereits am 15. zwischen Eickhoff und Erpernburg eingenommen, vor sich die Alme. Vorposten standen in Brenken und Büren, die gesamte Front dehnte sich von Rüthen bis Obertudorf. Zwei Tage liegen sich die Armeen gegenüber, man spricht von „der größten Truppenzahl seit Varus Tagen", die das Sintfeld gesehen habe. 50.000 Alliierte versuchten ihre Stellung gegen 100.000 Franzosen zu halten. Am 15. rekognoszieren 40 französische Husaren in Paderborn, ziehen sich aber wieder nach Schwaney zurück, auch Gilsa hat am selben Tag mit 4 Bataillonen und 4 Eskadronen ein Gefecht bei Wünnenberg.

Am 18. Juni greifen die Franzosen endlich an. Man beabsichtigt eine Umfassung von beiden Flügeln, das Fischersche Korps sollte von Brilon bis Etteln vorstoßen, Broglie vom Osten bis Ober-Etteln. Am 19. entzieht sich Ferdinand der Umklammerung und marschiert über Overhagen nach Rietberg zurück, wo er am 20. anlangt. Am selben Tag sind vier französische Eskadrons in Paderborn, andere in Salzkotten, auch bei Boke greifen französische Infanteristen des Regiments Berechini die Hannoveraner an der Lippe an, können aber nichts ausrichten. Broglie rückt am 23. an Paderborn vorbei und lagert zwischen Neuhaus und der Alme, am 24. ist Contades mit der Hauptarmee in Paderborn. Unter großen Regengüssen schlagen die Franzosen ihr Lager im Halbkreis vom „Bock" bis zum Dörener Holz auf. Vor der Warte in Richtung Wewer stehen 4.000 Grenadiers de France und Carabiniers de France, Marschall Contades bezieht Quartier im Asseburgschen Hause, der Prinz von Conde in der Kurie des Domherrn von Asseburg. In der Stadt herrscht ein „großes Gewoge" von Soldaten, Fuhrwerken, Trainwagen und Artillerie. Geklagt wird über die Verwüstungen, die besonders die Truppen unter Broglie anrichten. Am 29. Juni brechen die Franzosen wieder auf zur Verfolgung Ferdinands. Die Infanterie-Brigade Graf Melfort geht von Salzkotten bei Boke über die Lippe. Contades und Broglie rücken bis Stukenbrock vor. Chevreuse, der bei Büren gestanden hat, zieht nach Paderborn nach. Ferdinand verläßt am 29. Rietberg, die kleine Besatzung von 700 Mann muß sich am nächsten Tag ergeben. Der französische Vormarsch geht nun zügig voran. Am 1. Juli stehen die Franzosen vor Lippstadt, am 9. Juli erstürmt Broglie Minden, am 7. ist d´Armentiers vor Münster. Am 11. Juli versucht er die Zitadelle zu stürmen, doch der Kommandant General Zastrow mit dem Grafen von Schaumburg-Lippe, der als der beste Artillerist seiner Zeit galt, schlagen zunächst den Angriff ab. Erst als schweres Geschütz und Mörser von Wesel herbeigeholt werden, müssen sich die 3.000 Mann nach schwerem Bombardement am 25. Juli ergeben.

(...)

Am 28. Juli [243] ist die französische Vorhut unter Oberst Fischer von Breuna in Warburg, er besetzt den Stapelberg an der Straße nach Calenberg und rekognosziert den Diemellauf von Wrexen bis Liebenau. Am nächsten Tag werden zwei Brücken über die Diemel geschlagen und General Dumuy läßt 20.000 Mann übersetzen, die auf dem Papenheimer Feld auf der Heide nördlich der Ossendorfer Straße (westlich Warburg) ihre Zelte aufschlagen. Er formierte nun seine Kräfte so, daß er die Reiterei in der Mitte hatte, vor der Front waren fünf Batterien in Stellung gegangen, die Infanterie stand auf den Flügeln, links an Ossendorf angelehnt, rechts an Warburg mit Front nach Norden. General Spörcken war am 29. bei Liebenau mit seinem hannoverschen Korps über die Diemel gegangen, gefolgt vom Erbprinz Karl von Braunschweig, sowie zwei Bataillonen schottischer Grenadiere unter Maxwell und vier Schwadronen englischer Dragoner. Dichter Nebel hatte die Aktion am Morgen begünstigt. Ferdinand folgte um 11

Uhr von Calden nach, Lord Granby bildet den rechten Flügel aus britischer Kavallerie und drei Brigaden Artillerie. Die Alliierten marschieren am 31. Juli um 5 Uhr morgens auf den Höhen von Körbeke auf. Der Erbprinz und General Spörcken wollten die Franzosen hinter den Höhen von Daseburg und Dössel umgehen, in der Mitte sollte die gegnerische Kavallerie nur mit schwachen Kräften hingehalten werden, der Hauptstoß sollte sich auf den unbesetzten Heinberg mit seinem alten Wartturm richten. Um sieben Uhr setzten der Erbprinz und Spörcken zur Umgehung an, Spörcken marschierte über Borgentreich, an Großenender vorbei durch den Wald bei Nörde, weiterausholend der Erbprinz über Lütgeneder, Hohenwepel, nördlich an Menne vorbei. Bis Mittag blieb der Vormarsch der Alliierten von Dumuy unbemerkt. Oberstleutnant Bechwith gelang es, von Ossendorf her über den an der Diemel entlangführenden Weg nach der Kliffmühle den Heinberg mit 10 Grenadieren zu erreichen, zur selben Zeit gelangten 30 Mann aus der Kolonne des Erbprinzen an das befohlene Ziel. Zu spät versucht Dumuy durch die Brigade Bourbonnais, dem Gegner den wichtigen Punkt wieder zu entreißen, ein englisches Grenadierbataillon kam den Kameraden zu Hilfe, und es entwickelte sich ein harter Kampf um den Besitz der Höhe mit dem alten Wachtturm, im dem von beiden Seiten Verstärkungen herangeführt wurden. Schon wollte Dumuy seine Überlegenheit an Zahl ausnützen und eine größere Anzahl frischer Truppen in den Kampf werfen, da trat die Schlacht in die zweite Phase. Herzog Ferdinand war mit dem Gros der Infanterie, da er später aufgebrochen war, noch eine ganze Strecke vom Schlachtfeld entfernt, als der Kampf um den Heinturm entbrannte. Die Soldaten gaben sich alle Mühe, rasch vorwärts zu kommen, allein die Anstrengungen der letzten Märsche waren zu groß, der Weg quer durchs Gelände, sumpfige Wiesen und hohe Getreidefelder hatten zuviel Kraft gekostet. So blieben nur die englische Kavallerie und Artillerie, die rechtzeitig eingreifen konnten. Im Trab und Galopp ließ Lord Granby seine Abteilung die letzten fünf Meilen zurücklegen und griff in scharfer Attacke an der Spitze seines Regimentes – man erzählt, daß er dabei Dreispitz und Perücke verlor – die französische

Reiterei in der rechten Flanke an. Nur drei französische Schwadronen konnten noch Widerstand leisten, bei einem zweiten Angriff wurden auch sie überrannt. Inzwischen beginnt aber auch auf dem rechten Flügel Oberst Fischer von Breuna zwischen Desenberg und der Straße nach Daseburg zu weichen, Dumuy schickt durch das Busdorfer Tor eine Kompanie zu Hilfe, um zwei Uhr ist auch hier die Schlacht auf dem Höhepunkt, Oberst Fischer zieht sich auf Warburg zurück und verrammelt das Busdorfer Tor, mit einer anderen Abteilung sucht er über eine Holzbrücke über die Diemel die Straße nach Volkmarsen zu gewinnen. General Granby hat inzwischen mit den „Horse Guards" das Busdorftor erreicht und erstürmt. Während ein Teil die über die Diemelbrücken flüchtende französische Kavallerie verfolgt, beginnt ein anderer Teil der Engländer in Warburg ein dreistündiges Rauben und Plündern, das auch vor einzelnen Morden nicht zurückschreckt. Der Erbprinz hat inzwischen am Heinturm die Übermacht bekommen, auch die französische Infanterie weicht in breiter Front zur Diemel zurück, wobei ihr die aufgefahrene englische Artillerie noch schwere Verluste beibringt. Um 5 Uhr erreicht Ferdinand Warburg, er gebietet dem Wüten der Engländer sofort Halt, scharfe Patrouillen mußten die Straßen absuchen, wobei Ferdinand mit seinem Stab persönlich Hand anlegt, wie ein anonymer Warburger Chronist berichtet. Um 6 Uhr marschiert der Herzog mit klingendem Spiel in Warburg ein. Der Schaden, der durch das Plündern entstanden ist, wurde auf 50.000 Taler berechnet. Ferdinand sucht nach Kräften das Unrecht gut zu machen, er schenkt der Stadt 2.000 Taler. Die Verluste der Alliierten betrugen insgesamt 2.139 Mann, die der Franzosen nach eigneen Angaben 4.203. Mann, es dürfte aber die doppelte Anzahl gewesen sein. Das kriegsgeschichtliche Werk des Großen preußischen Generalstabs bezeichnet die Schlacht bei Warburg als Treffen und nur als Zusammenstoß zwischen zwei vorgeschobenen Korps, das an der Kriegslage wenig änderte. Dennoch darf man sagen, daß es Ferdinand gelungen war, den mit überlegenen Kräften aus Hessen vorstoßenden Franzosen gleichzeitig den Weg von Kassel über Münden und Göttingen und den Weg über Warburg, Paderborn, Minden zu versperren. Wenn auch Kassel am selben Tag an die Franzosen verloren ging, der Feldzug 1760 war mit diesem Treffen im wesentlichen entschieden.

## Ferdinand setzt sich gegen französische Übermacht durch

(...)

Soubise eröffnete den Feldzug vom Niederrhein her und erreichte am 3. Juli [244] Unna. Ferdinand läßt General Spörcken an der Diemel zur Wacht gegen Broglie und gibt ihm den Befehl, sich bei Gefahr nach Lippstadt zurückzuziehen. Condé ging gegen den Erbprinzen bei Hamm vor, um Soubise zu decken. Ferdinand zwingt gemeinsam mit dem Erbprinzen Condé zum Rückzug, bei Dortmund versucht er die gut verschanzten Franzosen zu umgehen, wird jedoch selbst bei Kurl angegriffen, kann den Angriff zwar abschlagen, muß aber nun mit verkehrter Front gegen Soubise fechten. Ferdinand muß Condé in Richtung Lippstadt folgen. Inzwischen bedrängte Borglie Spörcken an der Diemel, am 28. Juni wurden die Vorposten bei Calenberg von den Franzosen überrannt. Der Kampf in und um Warburg dauerte bis zum nächsten Tag um 3 Uhr morgens, dann zog sich Spörcken mit seinen Truppen in Richtung auf Ossendorf zurück, um über Paderborn Anschluß an die Hauptarmee Ferdinands zu bekommen. Als sie bei Hardehausen um 6 Uhr sich nochmals den nachdrängenden Franzosen zu einem Rückzugsgefecht stellten, erfuhren sie, daß der linke Flügel Broglies unter Poyanne über Marsberg, Essentho, Dahlheim bereits Lichtenau erreicht hatten und so der Weg nach Westen versperrt war. Spörcken mußte jetzt versuchen, mit General Luckner Verbindung aufzunehmen, der jenseits der Weser bei Corvey und Höxter stand, um Prinz Xaver von Sachsen bei Beverungen am Marsch nach Norden zu hindern. Am alten Weg von Kleinenberg nach Willebadessen, dem sogenannten Hellgraben, kommt es noch einmal zu einem hitzigen Rückzugsgefecht, Spörcken verliert 95 Mann, auf französischer Seite fällt der junge General Justine, in Willebadessen kam es um Kloster und Stadt am 29. Juni von 11 bis 3 Uhr nochmals zu einem Gefecht, das am Nachmittag in eine heftige Kanonade überging. Das Kloster wechselte zweimal die Besatzung, gegen 10 Uhr abends räumten dann die Hannoveraner das Kloster, die Franzosen waren an der Helle bis zur deutschen Artillerie vorgedrungen. Dabei waren mehrere Pulverwagen in Brand geraten, bei deren Explosion vier Willbadessener das Leben verloren. Spörcken hatte abermals 100 Mann an Toten und 300 Mann an Gefangenen verloren, nebst 100 Bagagewagen, 8 Geschützen und 17 Pulverwagen, das Kloster war durch die Kanonade stark beschädigt worden.

In der Nacht zog sich der General über Dringenberg, Driburg, Pömpsen nach Nieheim zurück, wo er mit Verstärkung aus dem Lippischen eine feste Stellung bezog. Prinz Xaver von Sachsen, der versucht hatte, Spörcken den Rückzug abzuschneiden, wurde von General Luckner in zwei Gefechten bei Tietelsen und Erkeln aufgehalten, als er am 30. in Dringenberg anlangte, war Spörcken schon abgezogen. Xaver bezog in Driburg Stellung, nahm mit Broglie Verbindung auf, der sein Hauptquartier in Willebadessen aufgeschlagen hatte. Das Gros der Broglieschen Armee lagerte bei Paderborn, zwischen Alme und Neuhaus und bei Boke. Das Korps Wangenheim bei Rüthen muß sich daher über Erwitte nach Lipperode bei Lippstadt zurückziehen.

## Herzog Ferdinand erzwingt den Frieden in Westen

Am 9. November [245] erreichte Paderborn die Nachricht von den in Fontainebleau am 3. November von Lord Bute geschlossenen Friedenspräliminarien zwischen Großbritannien und Frankreich mit Spanien auf der anderen Seite, die mit großem Jubel und Erleichterung aufgenommen wurde. Maria Theresia, deren Kräfte in einem langjährigen Krieg nicht weniger verbraucht waren als die Friedrichs, sah sich nun allein. Am 24. November nahm sie über Sachsen Verhandlungen auf, die mit dem Abschluß eines Waffenstillstandes bis zum 1. März 1763 endeten, freilich waren die Länder

der Reichsarmee nicht mit eingeschlossen, was auch Paderborn zu fühlen bekommen sollte. Am 15. November war im Westen zwischen den englischen und französischen Armeen Waffenstillstand geschlossen worden. Beide Armeen beziehen ihre Winterquartiere. Ferdinand bricht am 19. November nach Schloß Neuhaus auf, wo er am 23. November sein Hauptquartier aufschlägt. In Paderborn werden nur 4 Kompanien der hannoverschen Garde stationiert. Am 30. November trifft auch der Erbprinz, später der Fürst von Waldeck und andere Persönlichkeiten ein. Im Dezember erreicht Paderborn die Erlaubnis des englischen Königs, daß das Domkapitel zur Wahl eines neuen Fürstbischofs schreiten dürfe. Vor Weihnachten reisen Herzog Ferdinand und der Erbprinz wieder ab. Am 19. Januar 1763 wird nach fast zweijähriger Sedisvakanz in der Peson Wilhelm Antons, Freiherrn von der Asseburg, vom Domkapitel ein neuer Fürstbischof gewählt, der auch die Zustimmung der hannoverschen Besatzungsmacht findet. Freilich wird die Freude in Paderborn noch einmal gedämpft, als der preußische Major Bauer (Preußen hatte keine Waffenstillstand mit der Reichsarmee) noch einmal eine hohe Kontribution von 100.000 Talern forderte. Er kommt aber damit zu spät. Am 30. Dezember hatten die Friedensverhandlungen zwischen Österreich, dem Reich und Preußen begonnen, am 11. Februar wird auf Schloß Hubertusburg der Frieden unterzeichnet. Am 10. Februar folgt der Friedensschluß zu Paris für den westlichen und überseeischen Kriegsschauplatz. Mitte März verläßt die hannoveranische Besatzung das Hochstift Paderborn. Am zweiten Ostertag des Jahres 1763 wird ein großes feierliches Dankfest mit Pontifikalmesse aus Freude über den geschlossenen Frieden gefeiert. Der neue Bischof ging tatkräftig an die Beseitigung der Schäden, die dem kleinen Land zwischen den Fronten im Streit der Großmächte erwachsen waren. Wie groß sie waren, möge eine einzige schlichte Zahl nennen. Nach der Aufstellung betrugen die Gesamtunkosten des Krieges für das Hochstift Paderborn die für das kleine Land ungeheure Summe von 7.371.713 Talern. Das gewöhnliche Jahresaufkommen an Steuern (Schatzung) betrug zu der Zeit im Frieden 60.000 Taler.

# Personenglossar

***Anhalt-Dessau, Friedrich Heinrich Prinz von (1705-1781)***, kursächsischer Generalfeldmarschall. Er kämpfte auf der Seite der Alliierten (Preußen, England, Hannover).

***Bevern, Karl Prinz von (1729-1809)***, Generalmajor in britischen Diensten, nahm an der Schlacht bei Minden am 1.08.1759 teil.

***Braunschweig Wolffenbüttel, Ferdinand Herzog von (1721-1792)***, Oberbefehlshaber der preußischen, hannoveranischen und britischen Truppen seit 1757; er war ein Schwager von König Friedrich II. von Preußen. Nach der erfolgreichen Schlacht bei Warburg (31.07.1760) konnte er die erneute Einnahme von Hessen durch die Franzosen nicht verhindern.

***Braunschweig, Karl Wilhelm Ferdinand Erbprinz von (1735-1806)***, Neffe von Ferdinand von Braunschweig. Kämpfte im Siebenjährigen Krieg in den Schlachten von Hastenbeck, Minden und Warburg auf alliierter Seite gegen die Franzosen.

***Broglie, Victor-Francois Herzog von (1718-1804)***, französischer Heerführer und Staatsmann. Broglie war einer von nur 7 Generalfeldmarschällen in Frankreich. Er schlug die Hannoveranischen Verbündeten bei Bergen und übernahm das Kommando über die französischen Truppen bei Minden 1759.

***Contades, Louis-Georges de (1704-1793)***, französischer Marschall, wurde von Ferdinand von Braunschweig in der Schlacht von Minden am 1.08.1759 besiegt und mußte an den Rhein zurückweichen.

***Cumberland, William Augustus Duke of (1721-1765)***, britisch-hannoveranischer Heerführer, 3. Sohn König Georg II. von England (1683-1760).

***D'Estrées, Louis-Charles-Cesar le Tellier (1695-1771)***, französischer Heerführer und Marschall von Frankreich; im März 1757 erhielt er den Oberbefehl über die französische Armee in Deutschland. Am 26.07.1757 schlug er den Herzog von Cumberland (s.d.) in der Schlacht bei Hastenbeck nahe der Stadt Hameln.

***Dumuy, auch Louis Nicolas Victor de Felix d'Ollières, Comte de Muy oder „Dumuy (1711-1775)***, französischer Militär und Befehlshaber in der Schlacht bei Warburg (31.07.1760), die für die Alliierten verlorenging.

***Friedrich II., Friedrich der Große (1712-1786)***, ab 1740 König von Preußen; führte 3 Kriege gegen Österreich: Schlesische Kriege. Nach dem letzten dieser Kriege, dem sog. Siebenjährigen Krieg von 1756-1763, wurde Preußen als Großmacht neben Frankreich, Großbritannien, Östereich und Rußland anerkannt.

***Gilsa, Eitel Ludwig von und zu (1700-1765)***, Generalmajor, kommandierender General hessischer verbündeter Truppen auf Seiten Hannovers, kämpfte in Hessen.

***Granby, John Manners Marquess (1721-1770)***, britischer Generalleutnant im Siebenjährigen Krieg; in der Schlacht bei Warburg nahm die britische Kavallerie unter seinem Kommando 1500 französische Gefangene. 1766 wurde Granby zum Oberbefehlshaber der britischen Armee ernannt.

***Hardenberg, Christian Ludwig von (1700-1781)***, hannoveranischer Feldmarschall. Er wurde nach verschiedenen Militäreinsätzen Kommandant der Festung Lippstadt.

***Kaunitz-Rietberg, Wenzel Anton Graf, ab 1764 Reichsfürst von (1711-1794)***, österreichischer Staatsmann und enger Berater von Kaiserin Maria Theresia von Habsburg (s.d.).

***Kielmansegg, Georg Ludwig Graf von (1705-1785)***, braunschweigisch-lüneburgischer General der Infanterie.

***Luckner, Johann Nikolaus Graf (1722-1794)***, deutscher Offizier, Generalleutnant in hannoverschen Diensten; 1791 zum Marschall von Frankreich ernannt, 1794 auf der Guillotine in Paris hingerichtet.

***Maria Theresia von Habsburg (1717-1780)***, ab 1740 regierende Erzherzogin von Österreich und Königin von Ungarn; musste nach ihrem Herrschaftsantritt den Österreichischen Erbfolgekrieg bestehen und verlor nach dem Siebenjährigen Krieg Schlesien.

***Plessis du, Louis Francois Armand de Vignerot (1696-1788)***, Herzog von Richelieu. Diplomat und französischer General, war ein Neffe von Kardinal Richelieu.

***Sachsen, Franz Xaver Prinz von (1730-1806)***, Enkel Augusts des Starken, Generalleutnant, Oberbefehlshaber des sog. Sammlungswerks sächsischer Soldaten auf der Seite Frankreichs.

***Soubise, Charles de Rohan Prinz von (1715-1787)***. Marschall von Frankreich.

***Spörcken, Friedrich August von (1698-1776),*** braunschweigisch-lüneburgischer Feldmarschall und kommandierender General im Siebenjährigen Krieg.

***Zastrow, Christian Nicolaus Friedrich von (1705-1773),*** braunschweigisch-lüneburgischer Generalleutnant; 1759 Kommandant von Münster; trug durch das rechtzeitige Eingreifen seiner Truppen am 31. Juli 1760 zum für die Alliierten glücklichen Ausgang der Schlacht bei Warburg bei.

# Autorenverzeichnis

*Prof. Dr. Marian Füssel*, Professor für Geschichte der Frühen Neuzeit unter besonderer Berücksichtigung der Wissenschaftsgeschichte an der Georg-August-Universität Göttingen. Studium der Geschichte, Philosophie und Soziologie, Promotion an der WWU Münster 2004. Forschungsschwerpunkte: Militärgeschichte, Universitäts- und Wissenschaftsgeschichte, Kulturgeschichte und Geschichtstheorie

*Prof. Dr. Raban Graf von Westphalen M.A.,* Professor em. für Öffentliches Recht und Politikwissenschaft an der Technischen Hochschule Berlin. Studium der Geschichte, Politikwissenschaft, Jura und Geographie, Promotion an der Universität Freiburg 1978. Forschungsschwerpunkte: Verfassungsgeschichte, Regierungslehre, Kulturgeschichte

# Endnoten

\* Eine frühere kürzere Version des Beitrags ohne Anmerkungsapparat erschien in: Zur Debatte [Katholische Akademie in Bayern] 52 Jg. Heft 4 (2022), S. 28-33.

[1] Vgl. Marian Füssel, Der Preis des Ruhms. Eine Weltgeschichte des Siebenjährigen Krieges 1756-1763, 2. Aufl. München 2020. Aus der angloamerikanischen Literatur vgl. Daniel A. Baugh, The Global Seven Years War, 1754-1763 Britain and France in a great power contest, Harlow 2011; Mark H. Danley / Patrick J. Speelman (Hg.), The Seven Years' War. Global Views, Leiden/ Boston 2012.

[2] Vgl. Reed Browning, The War of the Austrian Succession, New York 1993; Matthew Smith Anderson, The War of the Austrian Succession, 1740-1748, London and New York, 1995.

[3] Zur militärischen Ereignisgeschichte rund um Kurhannover vgl. Walther Mediger, Herzog Ferdinand von Braunschweig-Lüneburg und die alliierte Armee im Siebenjährigen Krieg (1757-1762) für die Publikation aufbereitet und vollendet von Thomas Klingebiel, Hannover 2011.

[4] Vgl. dazu meinen weiteren Beitrag in diesem Band.

[5] Fred Anderson, Crucible of war. The Seven Years' War and the fate of the Empire in British North America, 1754 – 1766, New York 2000.

[6] Guy Frégault, Canada: the war of the conquest, Toronto /Oxford 1969 [frz. O-rig, 1955].

[7] Michael Mann, Bengalen im Umbruch: die Herausbildung des britischen Kolonialstaates 1754–1793, Stuttgart 2000.

[8] Patrick Griffin, The Last War of Religion or the First War for Empire? Reconsidering the Meaning of The Seven Years' War in America, in: Jan Stievermann / Randall C. Zachmann (Hg.), Multiple Reformations? The Many Faces and Legacies of the Reformation, Tübingen 2018, S. 205–227.

[9] Michaela Schmölz-Häberlein und Mark Häberlein, Halles Netzwerk im Siebenjährigen Krieg: Kriegserfahrungen und Kriegsdeutungen in einer globalen Kommunikationsgemeinschaft, Halle; Wiesbaden 2020.

[10] Marian Füssel, Global Wars in the Eighteenth Century. Entanglement – Violence – Perception, in: Matthias Pohlig/ Michael Schaich (Hg.), The War of the Spanish Succession. New Perspectives, Oxford 2017, S. 371-394.

[11] 25.10.1755, Kurt Aland (Hg.), Die Korrespondenz Heinrich Melchiors Mühlenbergs: aus der Anfangszeit des deutschen Luthertums in Nordamerika, Bd. 2: 1753–1762, Berlin [u.a.] 1987, S. 250.

[12] Johann Georg Fülling, Die Isthaer Chronik des Pfarrers Johann Georg Fülling. Zur Geschichte Niederhessens im siebenjährigen Kriege. Hg. v. Gerhard Bätzing, Kassel 1957, S. 3.

[13] Friedrich II, Rechtfertigung meines politischen Verhaltens (Juli 1757), in: Gustav Berthold Volz (Hg.), Die Werke Friedrichs des Großen, 10 Bde., Berlin 1913-1914, Bd. 3, S. 209-215, hier S. 210.

[14] „Sehnsucht nach einem allgemeinen Frieden", in: Der Apotheker, 16 St., 1762, S. 242, zitiert nach Nicole Waibel, Nationale und patriotische Publizistik in der Freien Reichsstadt Augsburg. Studien zur periodischen Presse im Zeitalter der Aufklärung (1748-1770), Bremen 2008, S. 315.

[15] Historisch-geographische Beschreibung der in diesem Krieg von den Engländern eroberten französischen Antillischen Inseln: besonders von Guadaloupe und Martinique etc. zur Erläuterung der gegenwärtigen Kriegs-Staats- und Handlungs-Geschichte, Stuttgart 1762, Vorrede.

[16] David A. Bell, Jumonville's Death: War Propaganda and National Identity in Eighteenth-Century France. In: Colin Jones, Dror Wahrman (Hg.), The Age of Cultural Revolutions: Britain and France, 1750–1820, Berkeley 2002, S. 33-61; Marcel Trudel, L'Affaire Jumonville, in: Revue d'histoire de l'Amérique française 6:3 (1952), S. 331-373; Paul Edward Kopperman, Braddock at the Monongahela, Pittsburgh, Pa. 1977; David L. Preston, Braddock's Defeat. The Battle of the Monongahela River and the Road to Revolution, Oxford / New York 2015.

[17] Daniel Baugh, Great Britain's Blue Water Policy, 1689-1815, in: International History Review 10 (1988), S. 35-58.

[18] Vgl. Armin Reese, Europäische Hegemonie und France d'outre-mer. Koloniale Fragen in der französischen Außenpolitik 1700-1763, Wiesbaden 1988; John Shovlin, Selling American Empire on the Eve of the Seven Years War: The French Propaganda Campaign of 1755-1756, in: Past & Present 2006 (2010), S. 121-149.

[19] Sven Externbrink, Voltaire zwischen Candide und Roi philosophe, in: Ders. (Hg.), Der Siebenjährige Krieg (1756-1763). Ein europäischer Weltkrieg im Zeitalter der Aufklärung, Berlin 2011, S. 143-157, S. 145.

[20] Voltaire, Candide oder Der Optimismus, München 3. Aufl. 2006, Kap. 23; S. 125.

[21] Christian Ayne Crouch, Nobility lost: French and Canadian martial cultures, Indians, and the end of New France, Ithaca; London 2014.

[22] Ian K. Steele, Betrayals: Fort William Henry and the „Massacre", New York 1990.

[23] Hugh Boscawen, The capture of Louisbourg, 1758, Norman, Okla. 2011.

[24] Sven Externbrink, Der kürzeste Vormittag – Quebec 13. September 1759, in: Marian Füssel (Hg.), Der Siebenjährige Krieg. Mikro- und Makroperspektiven, München 2021, S. 129-145.

[25] Vgl. als Quellendokumentation Jacques Lacoursière / Hélène Quimper (Hg.), Québec ville assiégée 1759 - 1760: d'après les acteurs et les témoins, Québec 2009.

[26] Terry Fenge / Jim Aldridge (Hg.), Keeping promises: the royal proclamation of 1763, aboriginal rights, and treaties in Canada, Montreal u.a. 2015; Richard Middleton, Pontiac's War: its causes, course, and consequences, New York, NY 2007.

[27] Michael Mann, Geschichte Südasiens. 1500 bis heute, Darmstadt 2010; Stephan Conermann, Das Mogulreich. Geschichte und Kultur des muslimischen Indien, München 2006.

[28] Philip Lawson, The East India Company: A History, New York 1993; Philip J. Stern, The Company-State. Corporate Sovereignty & the Early Modern Foundations oft he British Empire in India, Oxford/ New York 2011; Philippe Haudrère, La Compagnie française des Indes aux XVIII siècle, 2 Bde., 2. Aufl. Paris 2005.

[29] Marian Füssel, Die Politik der Unsicherheit. Versicherheitlichung, Gewalt und Expansion in den britischen Kolonien im Siebenjährigen Krieg, in: Christoph Kampmann / Ulrich Niggemann (Hg.), Sicherheit in der Frühen Neuzeit (Frühneuzeit Impulse 2), Köln / Weimar / Wien 2013, S. 299-312.

[30] Iris Macfarlane, The Black Hole or the makings of a legend, London 1975; Jan Dalley, The Black Hole. Money, Myth and Empire, London 2006.

[31] John Zephaniah Holwell, Zuverlässige Nachricht von den Drangsalen, so diejenigen Personen erlitten haben, welche in dem Gefängnisse, das schwarze Loch genannt, im Fort William zu Calcutta im Königreiche Bengalen eingesperret worden [...] aus einem Briefe von J. Z. Holwell and William Davis, in: Bremisches Magazin zur Ausbreitung der Wissenschaften, Künste und Tugend, Bd. 3, Bremen/ Leipzig 1759, S. 492-523.

[32] Vgl. zu Clive Marian Füssel, Händler und Krieger? Robert Clive, die East India Company und die Kapitalisierung des Siebenjährigen Krieges in Indien, in: Markus Meumann / Matthias Meinhardt (Hg.), Die Kapitalisierung des Krieges.

Kriegsunternehmer in Spätmittelalter und in der Frühen Neuzeit, Berlin 2021, S. 133-153.

[33] Sudeep Chakravarti, Plassey: The Battle that Changed the Course of Indian History, New Delhi 2020.

[34] Marshall Smelser, The Campaign for the Sugar Islands, 1759: A Study in Amphibious Warfare, Chapel Hill 1955; Richard Pares, War and Trade in the West Indies, 1739-1763, Oxford 1936.

[35] Vincent Brown, Tacky's revolt: the story of an Atlantic slave war, Cambridge, Massachusetts; London 2020.

[36] Vgl. James F. Searing, The Seven Year's War in West Africa: The End of Company Rule and the Emergence oft he Habitants, in: Danley/ Speelman, Global Views, S. 263-291; James L.A. Webb Jr., The Mid-Eighteenth-Century Gum Arabic Trade and the British Capture of Saint-Louis du Sénégal, 1758, in: Journal of Imperial and Commonwealth History 25 (1997), S. 37-58.

[37] Füssel, Preis des Ruhms, S. 407-438.

[38] Ebd., S. 438-439.

[39] Alois Schmid, Der geplante Friedenskongress in Augsburg 1761, in: Andreas Kraus (Hg.), Land und Reich, Stamm und Nation: Probleme und Perspektiven bayerischer Geschichte. Festgabe für Max Spindler zum 90. Geburtstag, Bd. 2, München 1984, S. 235-258.

[40] Füssel, Preis des Ruhms, S. 450-469.

[41] Erste dt. Übersetzung als Definitiv- Freundschafts- und Friedenstractat zwischen Sr. Großbritannischen Majestät, dem Allerchristlichsten Könige und dem Könige von Spanien, der zu Paris den 10. Febr. 1763 geschlossen worden, und wozu der Beytritt des Königs von Portugal noch am selbigen Tage erfolgt ist, in: Gottlob Naumann/ Karl Friedrich Wernich (Hg.), Beyträge zur neuern Staats- und Kriegesgeschichte, 19 Bde., Danzig 1756-1764, hier Bd. 18, 1763, S. 564-590.

[42] Colin G. Calloway, The Scratch of a Pen: 1763 and the Transformation of North America, Oxford 2006.

[43] Ryan André Brasseaux, French North America in the Shadows of Conquest, London / New York: Routledge, 2021.

[44] Voltaire, Philosophisches Taschenwörterbuch, nach der Erstausgabe von 1764 zum ersten Mal vollständig ins Deutsche übersetzt von Angelika Oppenheimer, hg. von Rainer Bauer, Ditzingen 2020, S. 236.

[45] Reinhold Koser, Geschichte Friedrichs des Großen, Bd. 3 Unveränd. fotomechan. Nachdr. der 6. und 7. Aufl., Stuttgart und Berlin 1925, Darmstadt 1963, S. 165.

[46] Vgl. Alfred Heggen, Staat und Wirtschaft im Fuerstentum Paderborn im achtzehnten Jahrhundert, Paderborn 1978, S. 103ff.; Friedrich Keinemann, Das Hochstift Paderborn am Ausgang des 18. Jahrhunderts: Verfassung, Verwaltung, Gerichtsbarkeit, soziale, religiöse und kulturelle Welt; mit einem Ausblick auf das frühe 19. Jahrhundert, 3 Bde. 2., neubearb. und erg. Aufl., Norden 2007-2009, Bd. 1, S. 152ff.

[47] Vgl. als Vorarbeit der folgenden Ausführungen bereits Marian Füssel, Der Siebenjährige Krieg in Nordwestdeutschland. Kulturelle Interaktion, Kriegserfahrung und –erinnerung zwischen Reich und Empire, in: Ronald Asch (Hg.), Hannover, Großbritannien und Europa. Erfahrungsraum Personalunion 1714-1837 (Veröffentlichungen der Historischen Kommission für Niedersachsen und Bremen 277), Göttingen 2014, S. 289-309.

[48] Christian Heinrich Philipp von Westphalen, Geschichte der Feldzüge des Herzogs Ferdinand von Braunschweig-Lüneburg: nachgelassenes Manuscript. Hrsg. von Ferdinand O. W. H. von Westphalen, Berlin 1859, Bd. 1, S. 5.

[49] Vgl. bereits Hermann Wellenreuther, Die Bedeutung des Siebenjährigen Krieges für die englisch-hannoveranischen Beziehungen, in: Adolf M. Birke/Kurt Kluxen (Hg.), England und Hannover = England and Hanover, München u.a. 1986, S. 145-175; Tony Hayter, England, Hannover, Preußen. Gesellschaftliche und wirtschaftliche Grundlagen der britischen Beteiligung an Operationen auf dem Kontinent während des Siebenjährigen Krieges, in: Bernhard R. Kroener (Hg.), Europa im Zeitalter Friedrichs des Großen. Wirtschaft, Gesellschaft, Kriege, München 1989, S. 171-192.

[50] Vgl. Brendan Simms, Zweierlei Reich. Die britische Politik im Spannungsfeld zwischen Amerika und Europa im Schatten der „Diplomatischen Revolution", in: Sven Externbrink (Hrsg.), Der Siebenjährige Krieg. Ein europäischer Weltkrieg im Zeitalter der Aufklärung, Berlin 2011, S. 65–74; Jeremy Black, Continental Commitment. Britain, Hanover and Interventionism 1714-1793, London u.a. 2005; Daniel A. Baugh, Great Britain's „Blue Water Policy", 1689-1815, in: International History Review 10 (1988), S. 33-58.

[51] Vgl. den Text der Konvention bei Joel H. Wiener (Hrsg.), Great Britain. Foreign Policy and the Span of Empire, 1689-1971. A documentary history, New York, NY

u.a.1972, Bd. 1, S. 96; Ernest Mason Satow, The Silesian Loan and Frederick the Great, Oxford 1915, S. 416-418; Katja Frehland-Wildeboer, Treue Freunde? Das Bündnis in Europa 1714-1914, München 2010, S. 110-115.

[52] Vgl. Michael Salewski, Praevenire quam praeveniri. Zur Idee des Präventivkriegs in der Späten Neuzeit, in: Historische Mitteilungen 18 (2005), S. 88-100.

[53] Albert Stoffers, Das Hochstift Paderborn zur Zeit des siebenjährigen Krieges, Diss. Münster 1910, abgedruckt in 2 Teilen in: Westfälische Zeitschrift 69 (1911), S. 1-90 u. Westfälische Zeitschrift 70 (1912), S. 68-182.

[54] Als zeitgenössisch publizierte Journale zu den britischen Feldzügen vgl. John Tory, A Journal of the allied armys marches from the first arrival of the british troops in Germany, to the present time with an accurate Account of all the particular battles and skirmishes they have had with the french army, Osnabruck 1762, vgl. dazu auch Sir Reginald Savory (Hrsg.), John Tory's Journal 1758-1762, in: Journal of the Society for Army Historical Research 54 (1976), S. 70-95; [Charles Hotham], The operations of the allied Army under the command of His Serene Highness Prince Ferdinand Duke of Brunswik and Luneburg during the greatest Part of six campaigns beginning in the year 1757 and ending 1763, London 1764. Für die französische Seite vgl. Pierre Joseph de Bourcet, memoires historiques sur la guerre que les Francais ont soutenu en Allemagne (175/-1762), 3 Bde. Paris 1792; Sven Externbrink, Sven, „Que l'homme est cruel et méchant!" Wahrnehmung von Krieg und Gewalt durch französische Offiziere im Siebenjährigen Krieg, in: Historische Mitteilungen18 (2005), S. 44-57.

[55] Marian Füssel, Der Preis des Ruhms. Eine Weltgeschichte des Siebenjährigen Krieges, München 2019, S. 110-112.

[56] Georg Joseph Bessen, Geschichte des Bisthums Paderborn, Bd.2, Paderborn 1820, S. 303; Stoffers, Hochstift Paderborn, S. 31-32.

[57] Stoffers, Hochstift Paderborn, S. 9.

[58] Ebd.; vgl. auch Harald Kindl, Der Siebenjährige Krieg und das Hochstift Paderborn, Paderborn 1979; vgl. zur im Norden angrenzenden Grafschaft Lippe Otto Weerth, Die Grafschaft Lippe und der Siebenjährige Krieg, Detmold 1888.

[59] Zur französischen und österreichischen Okkupationsgeschichte der preußischen Westprovinzen vgl. umfassend Horst Carl, Okkupation und Regionalismus. Die preussischen Westprovinzen im Siebenjährigen Krieg, Mainz 1993. Aus der älteren Literatur vgl. Detlef Albers, Nordwestdeutschland als Kriegsschauplatz im Siebenjährigen Krieg, in: Niedersächsisches Jahrbuch für

Landesgeschichte 15 (1938), S. 142-181; Max Braubach, Politik und Kriegführung am Niederrhein während des Siebenjährigen Krieges, in: Ders.: Diplomatie und geistiges Leben im 17. und 18. Jahrhundert. Gesammelte Abhandlungen, Bonn 1969, S. 482-516; Lee Kennett, The French armies in the Seven Years war. A study in military organisation and administration, Durham 1967. Zuletzt ausführlich, allerdings klassisch operationsgeschichtlich Walther Mediger, Herzog Ferdinand von Braunschweig-Lüneburg und die alliierte Armee im Siebenjährigen Krieg (1757-1762) für die Publikation aufbereitet und vollendet von Thomas Klingebiel, Hannover 2011.

[60] Vgl. Burghardt Schmidt, Regionalgeschichte im Spannungsfeld von europäischer Hegemonialpolitik und militärischer Okkupation: Die Stadt Emden im Siebenjährigen Krieg (1756-1763), in: Emder Jahrbuch 80 (2000), S. 78-123; Hugo Brunner, Kassel im siebenjährigen Kriege. Ein Beitrag zur Geschichte der Stadt, Kassel 1884.

[61] Vgl. Füssel, Preis, S. 92-96.

[62] Reginald Savory, His Britannic Majesty's Army in Germany during the Seven Years War, Oxford 1966.

[63] Antje Fuchs, Der Siebenjährige Krieg als virtueller Religionskrieg an Beispielen aus Preußen, Österreich, Kurhannover und Großbritannien, in: Franz Brendle und Anton Schindling (Hrsg.), Religionskriege im alten Reich und in Alteuropa, Münster 2006, S. 313-343. Allgemein zur Religiosität der britischen Soldaten vgl. auch Michael Francis Snape, The Redcoat and Religion: the forgotten History of the British Soldier from the Age of Marlborough to the Eve of the First World War, London u.a. 2005.

[64] Mediger, Herzog Ferdinand, S. 349 u. S. 518.

[65] Vgl. etwa zu Göttingen Marian Füssel, „Die besten Feinde, welche man nur haben kann"? Göttingen unter französischer Besatzung im Siebenjährigen Krieg, in: Göttinger Jahrbuch 60 (2012), S. 137-160.

[66] Vgl. Stoffers, Hochstift Paderborn; Kindl, Hochstift Paderborn; [Eugen von Sobbe; Carl Weber; Hans Kohlenberg] Heimatverein Salzkotten (Hg.), Archiv und Chronik der Stadt Salzkotten, Bd. 12: 1756-1763, Paderborn-Wewer 1985; Karl Meisohle, Der Siebenjährige Krieg von 1756 bis 1763 in Stadt und Kloster Willebadessen, in: Kreis Höxter Jahrbuch 1982, S. 209-214.

[67] James Q. Whitman, The verdict of battle: the law of victory and the making of modern war, Cambridge, Mass. 2012.

[68] Vgl. Bessen, Geschichte, S. 306, Das Archiv des Vereins für Geschichte und Altertumskunde Westfalens Abteilung Paderborn e.V.: Codices (Cod. 1 - 180), Akten I (Acta 1 - 184), neu bearb. von Ralf Klötzer und Marcus Weidner (Inventare der nichtstaatlichen Archive Westfalens, Bd.17), Münster 2003, S. 126. Nur Malbergs Aufzeichnungen sind jedoch ediert Johann Bernard Greve (Hg.), Der 7jährige Krieg und seine Drangsale im Hochstifte Paderborn. Nach [Theodor Heinrich] Malbergs Tagebuche, in: Blätter zur näheren Kunde Westfalens 8 (1872), S. 76-84; 85-96 u. 9 (1872) S. 97-104 u. 10 (1872), S. 109-115.

[69] Ebd., S. 79-80.

[70] Landkreis Warburg (Hg.), Gedenkschrift anlässlich des 200. Jahrestages der Schlacht bei Warburg am 31. Juli 1760. Quellen und Studien zur Geschichte des Siebenjährigen Krieges in Warburg und Umgebung, Paderborn 1960/61; Friedrich Menneking, Victoria by Vellinghausen 1761. Spaziergänge in die Geschichte des Siebenjährigen Krieges in Westdeutschland, Paderborn 1989; Jürgen Nolte, Die Schlacht bei Wilhelmsthal: der Siebenjährige Krieg in Nordhessen, Gudensberg-Gleichen 2012.

[71] Meisohle, Krieg, S. 209.

[72] Theodor Horstmann, Generallieutnant Johann Nicolaus von Luckner und seine Husaren im Siebenjährigen Kriege, hg., eingeleitet und um einen Anhang erweitert von Michael Hochedlinger, Osnabrück 1997.

[73] Ebd., S. 118.

[74] Bsp. Johann Georg Fülling, Die Isthaer Chronik des Pfarrers Johann Georg Fülling. Zur Geschichte Niederhessens im siebenjährigen Kriege. Hg. v. Gerhard Bätzing, Kassel 1957.

[75] Mediger, Herzog Ferdinand, S. 679-681; Karl Lippert, Das Gefecht zwischen Kleinenberg und Willebadessen am 29. Juni 1761, in: Die Wart 22 (1961), S. 86-88.

[76] Westphalen, Geschichte, Bd. V, S. 508, Ferdinand an Riedesel, Lünern 1. Juli 1761.

[77] Horstmann, Luckner, S. 217.

[78] Ebd., S. 217.

[79] Meisohle, Krieg, S. 210.

[80] Vgl. Louis Paris, L'impot du sang. La noblesse de France sur les champs de bataille, Paris 1874, S. 215 (mit falschem Monat); Henry De Woelmont, Notices Généalogiques 2, Paris 1923, S. 270. Das Grab wurde 1985 während Renovierungsarbeiten im Kircheninnenraum wiedergefunden vgl. https://www.pr-

wl.de/kirchengemeinden/kg-kleinenberg/st-cyriakus-kleinenberg/ [abgerufen am 25.04.2023]

[81] Ebd., S. 211.

[82] Kindl, Hochstift, S. 26.

[83] Greve, 7jährige Krieg, S. 94.

[84] Meisohle, Krieg, S. 211; [Victor François de Broglie], Correspondance inédite de Victor-François Duc de Broglie Maréchal de France avec le prince Xavier de Saxe, Comte de Lusace lieutenant général. Pour servir à l'histoire de la guerre de sept an <campagnes de 1759 à 1761>. Publiée par le Duc Albert de Broglie et Jules Vernier, Paris 1903-1905, 4 Bde., Bd. 4, S. 38-39; Charles-Pierre-Victor Pajol, Les Guerres sous Louis XV, Bd. 5 Paris 1886, S. 179.

[85] Broglie], Correspondance, S. 52-66; zum August vgl. S. 207-219.

[86] Meisohle, Krieg, S. 211.

[87] Lippert, Gefecht, S. 88.

[88] Greve, 7jährige Krieg, S. 79.

[89] Ebd., S. 81; vgl. Sebastian Pranghofer, Der Umgang mit Krankheit und Seuchengefahr im Kriegsalltag in Nordwestdeutschland, 1757-1763, in: Nikolas Funke/Gundula Gahlen/Ulrike Ludwig (Hg.), Krank vom Krieg. Umgangsweisen und kulturelle Deutungsmuster von der Antike bis in die Moderne, Frankfurt a. M. 2022, S. 105-133.

[90] Greve, 7jährige Krieg, S. 81; Stoffers, Hochstift Paderborn [Teil 2], S. 92-94.

[91] Greve, 7jährige Krieg, S. 81.

[92] Ebd., S. 88.

[93] Stoffers, Hochstift Paderborn [Teil 2], S. 72 u. S. 86ff.

[94] Greve, 7jährige Krieg, S. 80.

[95] Ebd.

[96] Ebd., S. 94.

[97] Ebd., S. 90; Stoffers, Hochstift Paderborn [Teil 2], S. 81.

[98] Todd, Journal, S. 129.

[99] Ebd., S. 131.

[100] Hans Georg Baumeister (Hrsg.), Annotation von meinen Lebens-Laufe Johann Conrad Lütgerts aufgesetzet im Frühjahr 1751, Gütersloh-Isselhorst [2000], S. 37.

[101] Eduard Vogeler, Beiträge zur Geschichte von Soest während des siebenjährigen Krieges, in: Zeitschrift des Vereins für die Geschichte von Soest und der Börde 2 (1882/83), S. 30-37; 9 (1891/92), S. 23-69; 17 (1899/1900), S. 3-30.

[102] Vgl. dazu auch Petersen, Kriegsalltag, S. 93-98.

[103] Baumeister, Lebens-Lauffe, S. 36.

[104] Greve, 7jährige Krieg, S. 94.

[105] Vgl. zur Rolle des Alkohols Paul Edward Kopperman, "The Cheapest Pay": Alcohol Abuse in the Eighteenth-Century British Army, in: The Journal of Military History 60/3 (1996), S. 445-470.

[106] James Adolphus Oughton, ...By dint of labour and perseverance...: A Journal recording two Months in Northern Germany kept by Lieutenant Colonel James Adolphus Oughton, commanding 1st Battalion, 37th Regiment of Foot, 1758, transcribed, with an introd. biogr. essay and footnotes by Stephen Wood, London 1997, S. 50.

[107] Vogeler, Beiträge [9], S. 37.

[108] Ebd. S. 39.

[109] Zur Sozialgeschichte der Offiziere der leichten Truppen vgl. Frank Wernitz, „They have been blooded and behaved very well" - britische leichte Truppen in der Armee des Herzogs Ferdinand von Braunschweig 1760 – 63. Ein Beitrag zur Geschichte des kleinen Krieges im 18. Jahrhundert, München 1993, S. 103-131.

[110] Charles Walter Frearson (Hg.), "To Mr. Davenport" Being Letters of Richard Davenport (1719-1760) to his Brother during Service in the 4. Troop of Horse Guards and 10. Dragoons, 1742-1760, London, Aldershot 1968, S. 68-69. "Das schmutzige Dorf und die Bauernscheune, die im Winter mein Los waren, haben sich in einen angenehmen ländlichen Ort und ein hübsches, modernes Haus verwandelt, das einem Kapitel von Kanonissen gehört, die alle von edlem Blut sind. Zwei der vier, die mit mir in dem Haus wohnen, sind jung und vornehm, und eine von ihnen ist so schön wie ein Engel. Sie sind ganz einfach und wohlerzogen, ohne Affektiertheit, sprechen Französisch und lieben englische Landtänze so gut wie alle Mädchen in England, was Sie mir glauben werden, wenn ich Ihnen sage, dass wir drei Bälle in der Woche hatten, seit wir hierhergekommen sind, von denen drei oder vier bis zum Morgengrauen dauerten. Die Äbtissin, in deren Haus General Eliott einquartiert ist, eröffnet den Ball mit einem Menuett und tanzt in der Regel gegen zehn." [Übersetzung M.F.]

[111] Ebd., S. 69.

[112] Ebd., S. 76-77.

[113] Vogeler, Beiträge [9], S. 31.

[114] Frearson, Letters, S. 78.

[115] Ebd., S. 84.

[116] Ebd., S. 85.

[117] Geisau, Hans von Geisau, Zur Schlacht bei Warburg am 31. Juli 1760, in: Westfälische Zeitschrift 111 (1961), S. 329-336, hier S. 333.

[118] Vgl. auch Carl August Pentz von Schlichtegroll, Die "Légion britannique" (Flugschriften für Familiengeschichte 20), Leipzig 1931.

[119] Christopher Thomas Atkinson, The Highlanders in Westphalia, 1760-1762 and the Development of Light Infantry, in: Journal of the Society of Army Historical Research 20 (1941), S. 208-223.

[120] Vogeler, Beiträge [9], S. 29.

[121] Greve, 7jährige Krieg, S. 88.

[122] [Anonym], Nachricht von der überaus Lächerlichen Lebensart der Bergschotten, von welchen ein ansehnlich Corps zur Hannöverischen Armee stossen sollen, Amsterdam 1757, o.S. Zur Tradition der frühneuzeitlichen Schottland-Beschreibungen vgl. Martin Rackwitz, Travels to terra incognita. The Scottish Highlands and Hebrides in Early Modern Travellers' Accounts c. 1600 to 1800, Münster u.a. 2007.

[123] Johann Wilhelm von Archenholz, Geschichte des siebenjährigen Krieges in Deutschland von 1756 bis 1763 (1793), in: Johannes Kunisch (Hg.), Aufklärung und Kriegserfahrung. Klassische Zeitzeugen zum Siebenjährigen Krieg, Frankfurt a. M. 1996, S. 9-513, S. 211-213. Auch die Bebilderung trägt dieser Parallele guter und schlechter Wildheit Rechnung, indem dem Buch jeweils das Bild eines Schotten und eines Kosaken beigegeben ist vgl. Abb. 12 u. 13 nach S. 1008.

[124] Vgl. dazu weiterhin am detailliertesten Stoffers, Hochstift Paderborn [Teil 2], S. 68-130, hier S. 68.

[125] Kindl, Hochstift Paderborn, S. 34, Quelle Malberg, S. 109-111.

[126] Stoffers, Hochstift Paderborn [Teil 2], S. 83-84.

[127] [Anonym], Autentische Berechnung des Schadens, welchen das Hochstift Paderborn durch die königliche französische sowohl, als königlichgroßbritannische alliirte Truppen vom Jahr 1757 bis 1762 gelitten hat, in: Deutsches Museum 1 (1785), S. 316-322.

[128] Stoffers, Hochstift Paderborn [Teil 2], S. 119.

[129] Vgl. immer noch am ausführlichsten Zenab Esmat Rashed, The Peace of Paris 1763, Liverpool 1951; Carl Freiherr von Beaulieu-Marconnay, Der Hubertusburger Friede. Nach archivalischen Quellen, Leipzig 1871.

[130] Greve, 7jährige Krieg, S. 113.

[131] Baumeister, Lebens=Lauffe, S. 39.

[132] Die Literatur zu den Friedensfeiern besteht bislang fast ausschließlich aus Lokalstudien vgl. Gertrud Angermann, „Friedenstücher" und Friedensfeiern zum Ende des Siebenjährigen Krieges (1756-1763), in: Westfalen. Hefte für Geschichte, Kunst und Volkskunde 77 (1999), S. 299-337; Eberhard Jürgen Abelmann, Hannover im Siebenjährigen Krieg. Hannoverisches Kriegsdenkmal. Das Kriegsgeschehen in Stadt und Kurfürstentum, dokumentiert von einem Bäckermeister, hrsg. von Hans Hartmann, Hameln 1995, S. 231 u. S. 233.

[133] Greve, 7jährige Krieg, S. 114.

[134] Ebd., S. 114.

[135] Ebd., S. 114.

[136] Stoffers, Hochstift Paderborn, S. 13-27; G. J: Rosenkranz, Das Paderbornsche Bataillon im siebenjährigen Kriege, in: Zeitschrift für vaterländische Geschichte und Alterthumskunde NF 1, Münster 1849, S. 355-361.

[137] Marian Füssel, Zwischen lokalem Gedächtnis und kollektivem Vergessen. Der Siebenjährige Krieg in der Erinnerungskultur der Bundesrepublik Deutschland, in: Sven Petersen/Dominik Collet/Marian Füssel (Hg.), Umwelten. Ereignisse, Räume und Erfahrungen der Frühen Neuzeit. Festschrift für Manfred Jakubowski-Tiessen, Göttingen 2015, S. 291-312.

[138] P. A. A. 6. Cfr. Westf. Z. 3. Bd. 62 II S. 164.

[139] Bredenborn, Gehrden, Kleinenberg, Böhrden, Dringenberg, Kalenberg, Willebadessen, Wünnenberg wurden 1802 den Dörfern beigezählt. (P. A. A. 9.)

[140] P. A. C. 183. - Die Zahlen sind der Karte entnommen.

[141] Im Jahre 1803 betrug der Viehbestand 21 303 Pferde, 46 157 Ochsen, Kühe und Jungvieh, 100 908 Schafe, 27 114 Schweine, 11 384 Ziegen, 1725 Esel, (Westfalen und Rheinland II. Jhrg. 1823, S. 227 u. 234.)

[142] Weddingen, Westf. Mag. 1786, S. 263.

[143] Zur Abwehr dagegen erließ Klemens August die strengsten Verordnungen. (gemeint Fürstbischof Klemens August R. W.)

[144] Weddingen, Westf. Mag. 1788, D. 76/77

[145] P. A. C. 183.

[146]Cfr. Westfalen u. Rheinland II. Jhrg. 1823, S. 234 und Richter, Westf. 2. Bd. 62 II. S. 162-236.

[147]P. C. C. 226

[148]Im Jahre 1803 besaß das Stift: Wollwaren- und Leinwandmanufakturen (223 Meister und 30 Gesellen), sieben Papiermühlen, Glashütten, Brennereien, Holzwerke, Tabaksfabriken, Ölmühlen, Eisenhütten bei Altenbeken, Kornmühlen usw. (Westf. u. Rheinl. II. Jhrg.1823, S. 234 u. 235.)

[149]Westf. Z. Bd. 21, S. 209.

[150]Über die Wege Westfalens. Cfr. Auch Flensber, Westfalen in Hinsicht seiner Lage und deren Folgen.

[151]Die Bedenken, die gegen den Bau im Landtage vorgebracht wurden, sind folgende: 1) die Spesen sind von der Stadt nicht zu bestreiten, 2) ist es schwer, Kommandanten und Besatzung zu unterhalten, 3) da die Stadt nicht imstande ist, sich selbst zu unterhalten, würde nur ein Nest für die Feinde gebaut, 4) gerade der Festungen wegen werden nicht selten ganze Länder ruiniert. 5) die Vorfahren sind in feindl. Zeiten ohne Festungen ausgekommen, 6) wäre es fraglich,ob der Boden sich für den Bau eigne. L. A. P. 54. (1684.)

[152]L. A. P. 47 u. P. 54 (1684.)

[153]L. A. P. 54 und D. P. 1761. - Endlich wehrte sich die Stadt Paderborn wegen die Bestreitung der Befestigungskosten und es kam im Jahre 1788 in Wetzlar zwischen Stadt und Landschaft zu einem Prozeß. Aus einem Schreiben geht hervor, daß der Prozess zu gunsten der Stadt ausgefallen ist. (D. N. 39.) cfr. auch P. D. A. 64.

[154]K. K. A. Biographischer Versuch von Mering.

[155]Vgl. Clemens August, Allg. deutsche Biogr. Bd. VI. S. 302-309.

[156]Cfr. K. K. A. Biogr. Versuch von Mering.

[157]Vgl. für dieses Kapitel: Klemens August, allg. deutsche Biogr. Bd. IV. S. 302-309.

[158]M. T. S. 78.

[159]P. v. G.

[160]P. G.

[161]Cfr. Renouard I. S. 150 ff.

[162]M. T. S. 78.

[163]Gleseker.

[164]Bessen II. S. 305.

[165]M. P. 1757.

[166]Feldwachen.

[167] Crf. Korte und P. v. G.

[168] Korte.

[169] Cfr. Renouard II. und Westphalen III. S. 283 ff.

[170] Gleseker.

[171] Auf die Warburger Schlacht wird hier nicht näher eingegangen. S. Vorwort. Sonst cfr. Darüber; Schüngel, Westphalen und Renouard.

[172] P. v. G.

[173] Korte und Schüngel. S. 10.

[174] Schüngel. S. 10.

[175] P. v. G.

[176] Cfr. Schaefer II. 2 und Renouard II.

[177] Korte und P. v. G.

[178] Schüngel. S. 11.

[179] P. A.C. 196.

[180] Cfr. Trauergedicht im Anhang IV. (P. A. A. 4.)

[181] P. v. G.

[182] Korte.

[183] M. T. S. 93.

[184] Cfr. hierüber Näheres u. M. T. S. 93/94.

[185] P. v. G.

[186] P. v. G.

[187] P. A.C. 28.

[188] P. v. G.

[189] Renouard III. S. 311.

[190] Cfr. Renouard III. S. 331 und P. A. C. 28. - In der Nikolai-Pfarre in Höxter starben in diesem Jahre außer Soldaten 118 Personen, gegen 26 im Jahre 1760 und 44 im Jahre 1762. (Blätter f. näh. Kunde Westf. Nr. 64).

[191] Renouard III. S. 316.

[192] P. A.C. 11. - Wirklich soll es, wie man damals auch allgemein annahm, die Absicht des Grafen von Bückeburg gewesen sein, an diesem Tage, weil er den eigentlichen Zweck, die bei der Molkmühle über die Weser gelegte Schiffbrücke zu zerstören, nicht erreichen konnte, die Stadt in Brand zu schießen, wenn nicht der Erbprinz geraten hätte, dies auf den andern Tag zu verschieben, während dessen die Franzosen sich jenseits des Flusses hingezogen und die Schiffsbrücke abgenommen hätten. P. A.C. 11).

[193]Cfr. Reonuard III. S. 338-40.

[194]P. A. C. 28.

[195]P. A. C. 11.

[196]Korte.

[197]Korte, P. A. C. 239 und Schaefer II, 2 S. 316.

[198]P. v. G.

[199]Cfr. Korte, M. T. S. 102 und P. v. G.

[200]Renouard III. S. 551.

[201]P. v. G.

[202]M. T. S. 103.

[203]Renouard III. S. 556/57.

[204]M. T. S. 103 und Renouard III. S. 556.

[205]Renouard III. S. 844.

[206]M. T. S. 113.

[207]P. v. G.

[208]Cfr. M. T. S. 114.

[209]Die Einnahmen der Stadt Paderborn 1759/60 5479 Rtlr., während im Jahre 1762/63 nur 3434 Rtlr. einkamen. (Paderb. Stadtarchiv.)

[210]Korte.

[211]P. G.

[212]Korte.

[213]P. C. C. 226.

[214]P. C. C. 227.

[215]So wurden in dieser Zeit zur besseren Orientierung in der Stadt Paderborn die Häuser numeriert. (G. R. P. 1761.)

[216]Vgl. hierüber: Bericht von Leutnant Imbosch vom 20. Sept. 1758. (P. A.)

[217]Vgl. Winterquartierreglements von 1758/1759 und 1760 (P. A.C. 196.)

[218]Vgl. Winterquartierreglements von 1758/1759 und 1760 (P. A.C. 196.)

[219] Bericht von Leutnant Imbosch vom 20. Sept. 1758. (P. A.)

[220]Vgl. Winterquartierreglements von 1758/1759 und 1760 (P. A.C. 196.)

[221]Vgl. auch Korte.

[222]P. A.C. 183.

[223]P. A.C. 183.

[224]P. A.C. 196, Patent Ferdinands vom 21. März. 1757. - Vgl. auch P. A. C. 201.

[225]P. C. C. 224 und P. A. C. 224.

[226]Korte, M. T.

[227]P. G., P. A.

[228]P. C. C. 227.

[229]P. C. C. 224.

[230]Korte, M. T., P. v. G.

[231]L. P. 1757.

[232]P. v. G.

[233]P. v. G., M. T., P. A. S. 28.

[234]P. A. C. 225.

[235]Generalstab I.

[236]L. P. 1757.

[237] P. C. C. 224.

[238] P. C. C. 225.

[239] P. C. C. 226.

[240] M. T.

[241] P. C. C. 224.

[242] *Vgl. Auszüge in diesem Band. R.W.*

[243] *1760. R.W.*

[244] *1761. R.W.*

[245] *1762. R.W.*